KB266297

네모아저씨 의
페이퍼 블레이드
Quad Force
쿼드포스
네모아저씨 이원표 지음
슬로래빗

갑옷을 두른 궁극의 팽이를 선보이며

'다시 새로운 팽이를 개발할 수 있을까?'

2018년 페이퍼 블레이드를 처음 선보인 이후, 매번 신간을 마무리할 때마다 같은 고민에 빠지곤 했습니다. 최선을 다해 창작을 마친 뒤라 후련하면서도, 이번이 마지막 팽이가 될 것만 같았지요. 그럼에도 제가 다시 창작에 나설 수 있었던 계기는 언제나 독자 여러분의 열망과 기대 덕분이었습니다.

<네모아저씨의 페이퍼 블레이드-디럭스> 출간 이후, 기존의 틀을 깨는 확실한 변화를 만들어 낼 수 있을지 끊임없이 자문했습니다. 고뇌의 시간이 길어져 한 번의 겨울을 건너뛰게 되었습니다. '여러분이 이 팽이를 좋아해 줄까?' 하는 두려움과 설렘을 함께 안고 드디어 새로운 팽이를 공개합니다.

이번 변화의 주인공은 바로 '갑옷'이라는 뜻의 '아머(Armor)' 유닛입니다. 기존 세 장으로 접던 팽이에 제4의 유닛이 추가되면서, 팽이는 한 차원 더 화려해졌고 비교할 수 없을 만큼 단단해졌습니다. 삼총사에 달타냥이 합류해 사총사가 되었듯, 이제 페이퍼 블레이드는 '쿼드포스'라는 이름으로 새로운 신화를 써 내려갈 것입니다.

네 장의 종이로 접다 보니 더 깊은 집중력이 필요합니다. 하지만 그 과정을 거쳐 완성된 결과
물은 차원이 다른 만족감을 선사할 것입니다. 갑옷을 두른 팽이는 이전보다 더욱 웅장한 외형으
로 한층 묵직하고 힘차게 회전합니다. 묵직하지만 결코 느리지 않게, 더 오래 더 안정적으로 회
전하며 지금껏 경험해 보지 못한 새로운 카타르시스를 전해 줄 것입니다.

이제 여러분의 손끝에서 '쿼드포스의 시대'가 시작됩니다.

네 가지 유닛으로 완성되는
묵직한 안정감을 경험해 보세요!
네모아저씨   lee. w.p.

차례

PART 1 공격형

종이접기의 기본 방법과 기호

블레이드를 접을 때 필요한 기본 방법과 기호를 먼저 익혀 주세요.
기호에 맞게 모서리를 맞추고 다림질하듯 꼼꼼하게 눌러야 블레이드가 쌩쌩 잘 돌아갑니다!

✿ 계곡 접기

계곡 접기선이 계곡처럼 안으로 숨도록 앞으로
접어요.

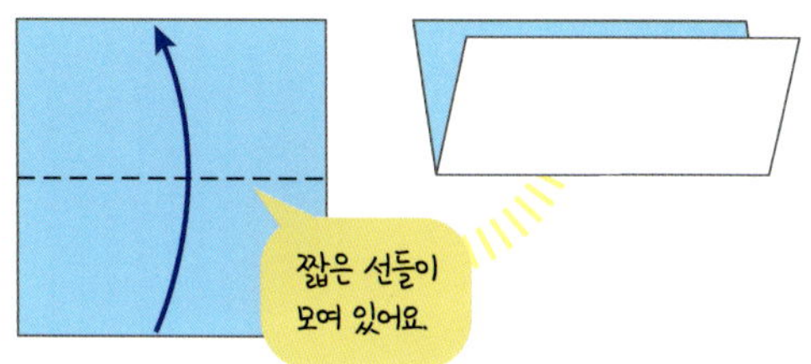

✿ 산 접기

산 접기선이 산처럼 밖으로 보이도록 뒤로 접어요.

✿ 접었다 펴기

접기선을 따라 앞이나 뒤로 접었다 펴서 보조선을
만들어요.

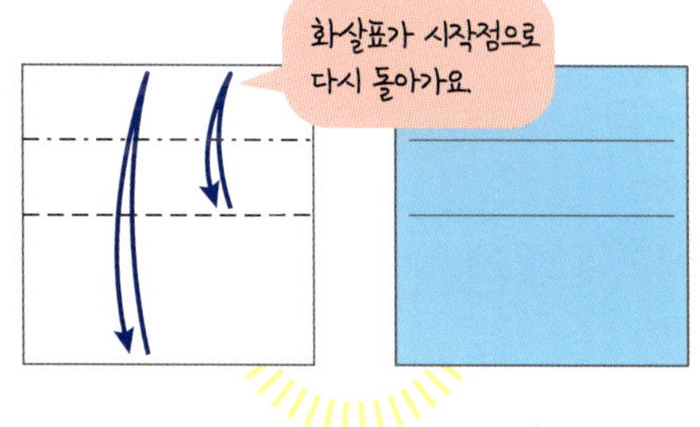

✿ 벌리며 접기

⇧ 틈을 벌려서 남색 화살표 방향으로 눌러 접어요.

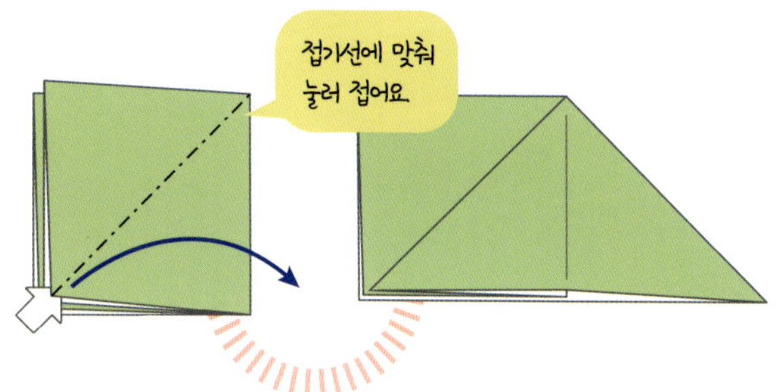

✿ 안으로 넣어 접기
접기선을 따라 종이 안으로 넣어서 접어요.

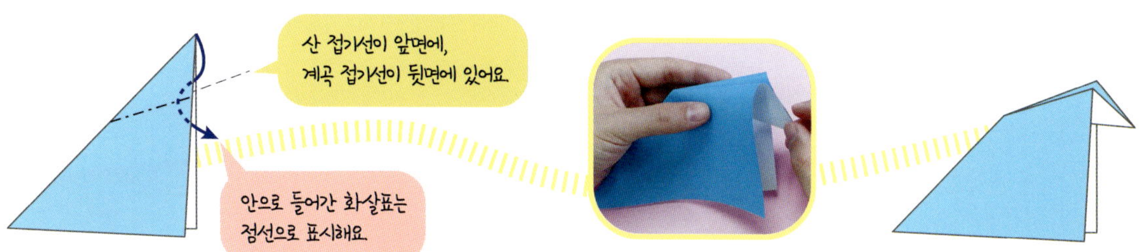

쿼드포스의 기본 유닛 소개

이 책의 블레이드는 아머, 프레임, 코어, 그립까지 총 4개의 유닛을 조립하여 완성합니다.
각 부품의 핵심 기능과 원리를 먼저 알아보세요!

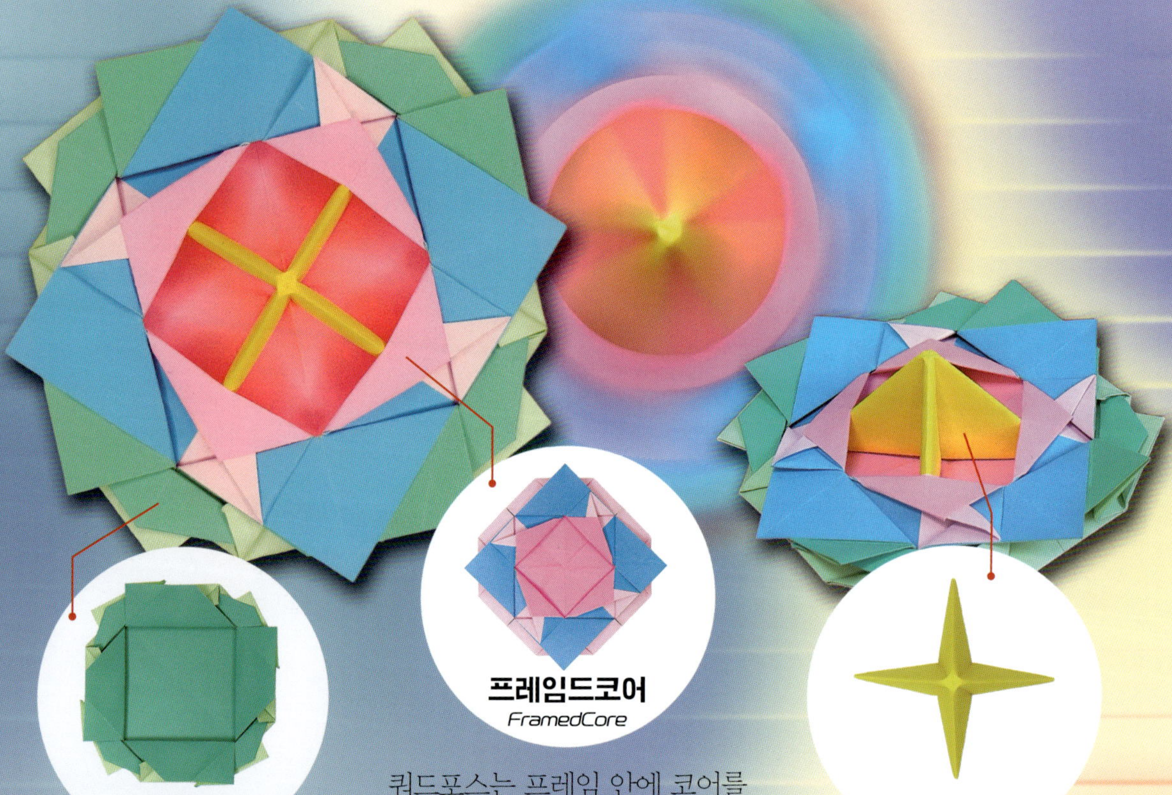

아머Armor

프레임드코어
FramedCore

그립Grip

쿼드포스 블레이드의 외골격을 담당하는 유닛입니다. 프레임을 갑옷처럼 감싸며 블레이드를 한층 더 크고 화려하게 만들어 줍니다.

쿼드포스는 프레임 안에 코어를 넣은 상태에서 조립을 시작합니다. 프레임은 아머와 함께 팽이의 외형을 이루고, 코어는 프레임과 아머 바닥을 동시에 밀어내어 팽이의 회전축을 만들고 그립을 단단히 고정합니다.

블레이드의 손잡이 역할을 하는 유닛입니다. 그립을 끼우면 팽이 바닥이 더욱 불룩해지면서 회전축이 강해집니다.

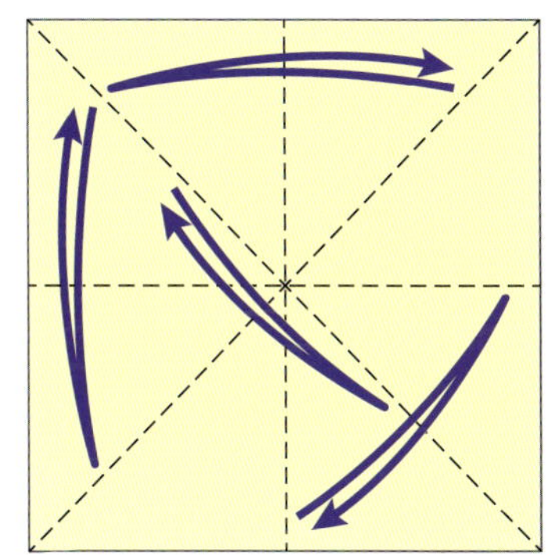

1 가로세로, 대각선으로 접었다 펴요.

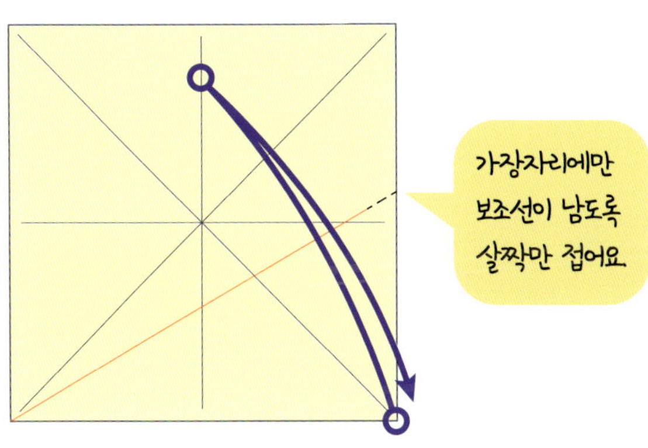

2 꼭짓점을 세로선에 맞춰 접었다 펴요.

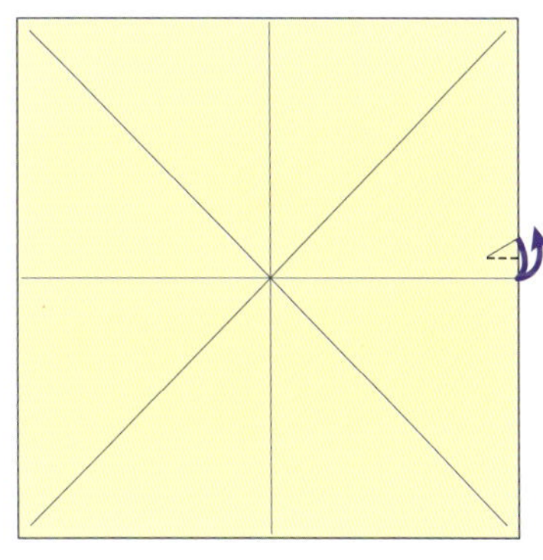

3 방금 접었다 편 보조선 끝이 가로선에 만나도록 접었다 펴요.

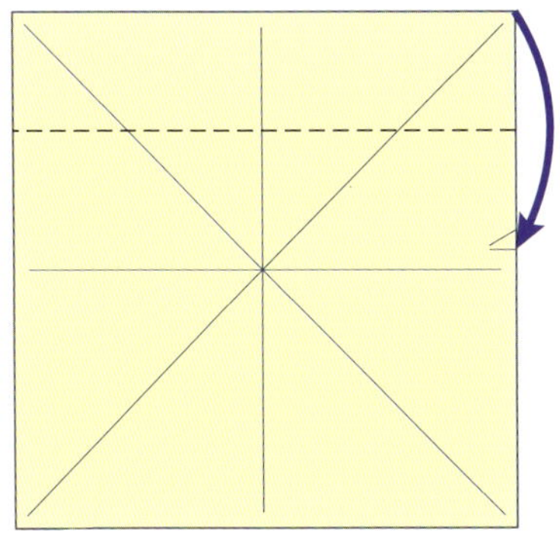

4 위쪽 가장자리를 방금 접었다 편 보조선 끝에 맞춰 접어요.

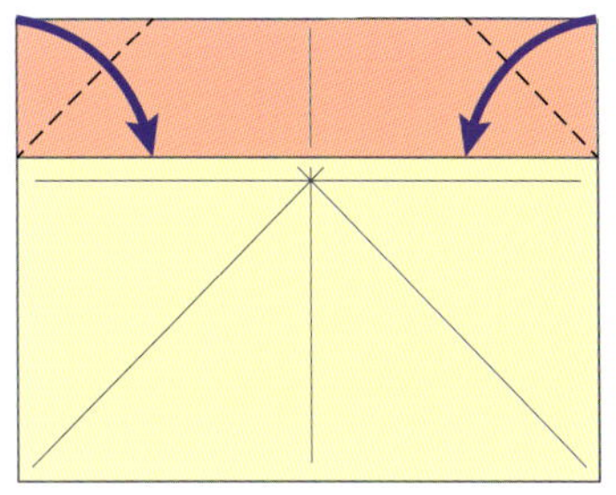

5 보조선을 따라 접어요.

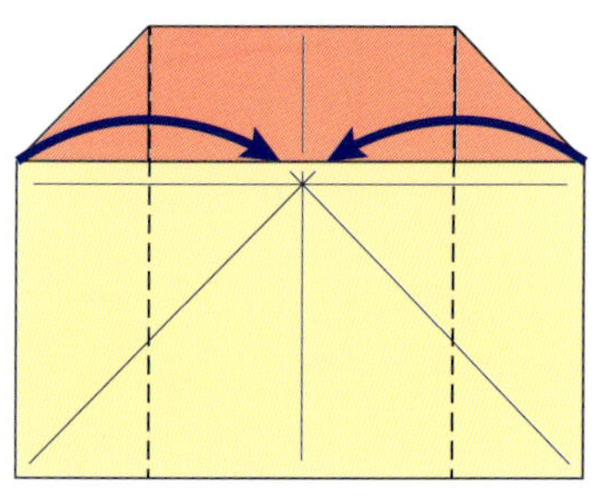

6 가장자리를 따라 안쪽으로
접어요.

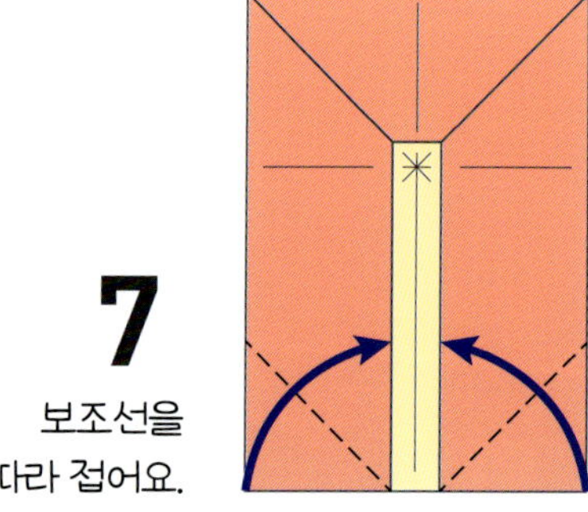

7 보조선을
따라 접어요.

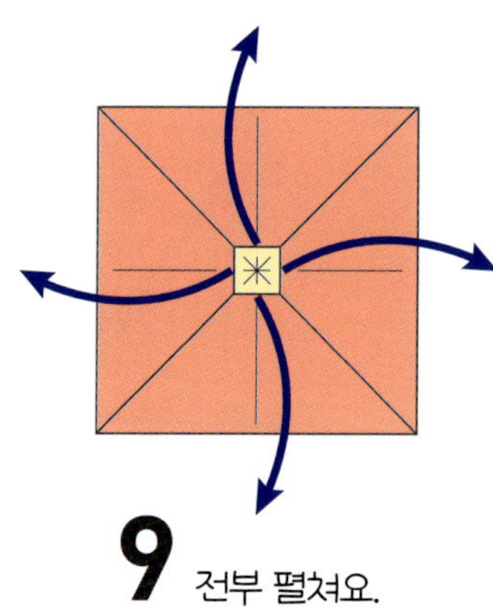

9 전부 펼쳐요.

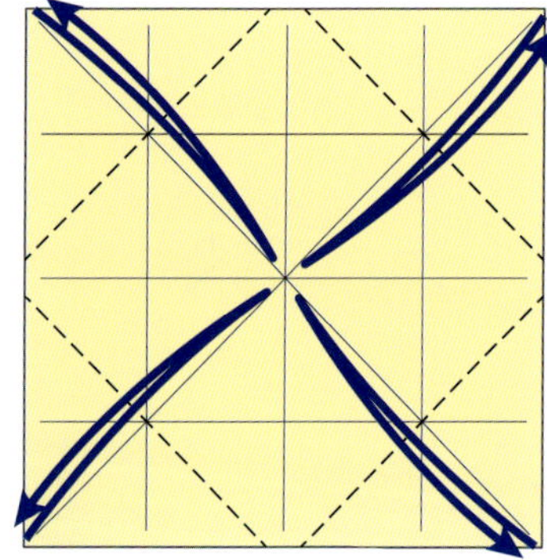

8 가장자리를 따라
안쪽으로 접어요.

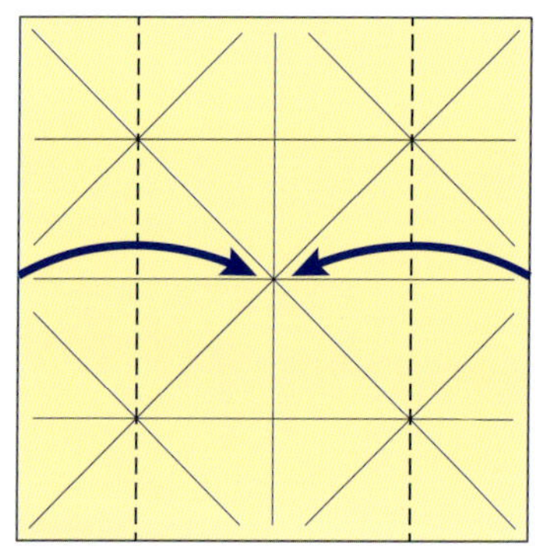

10 보조선을 따라 가운데 방향으로
접었다 펴요.

11 양옆을 안쪽으로 접어요.

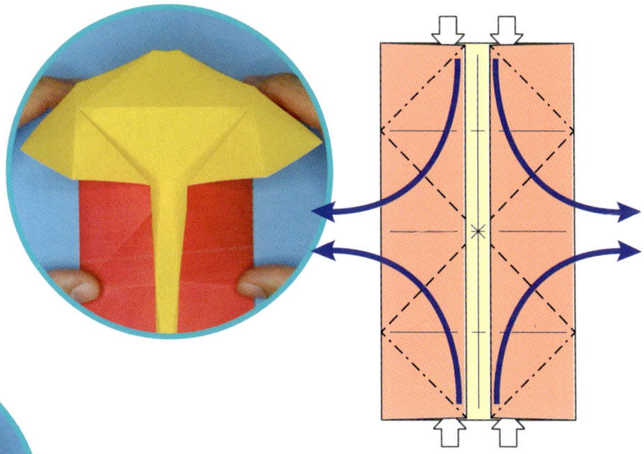

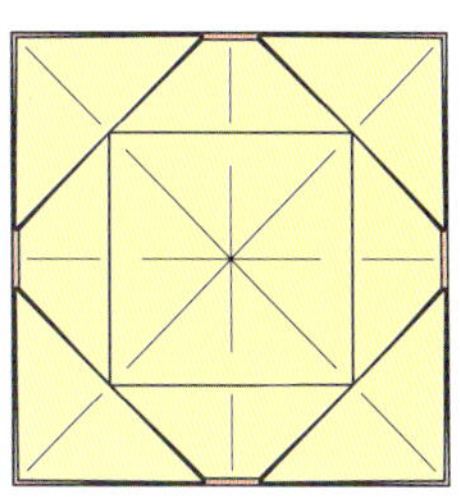

12 화살표 부분에 손가락을 넣어서 양쪽으로 벌리며 눌러 접어요.

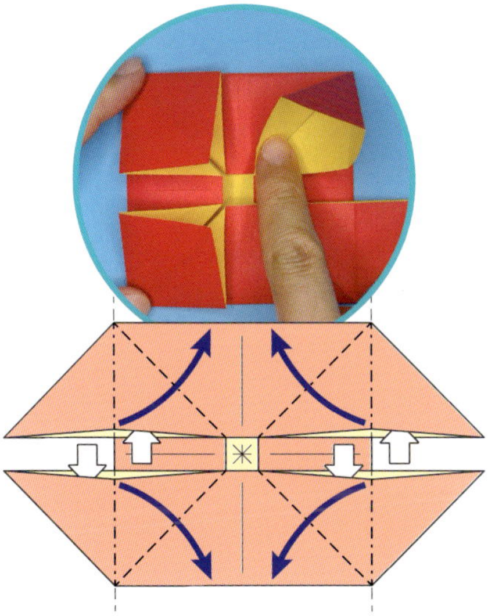

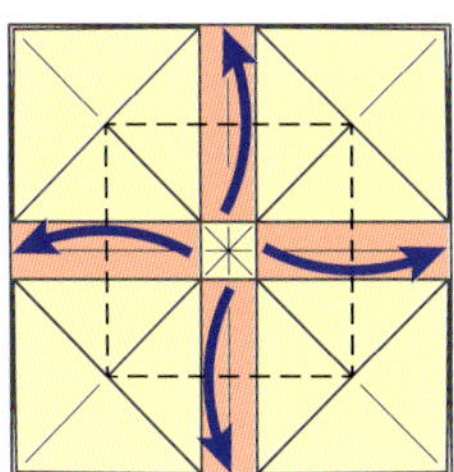

13 화살표 부분에 손가락을 넣어서 위아래로 벌리며 눌러 접어요.

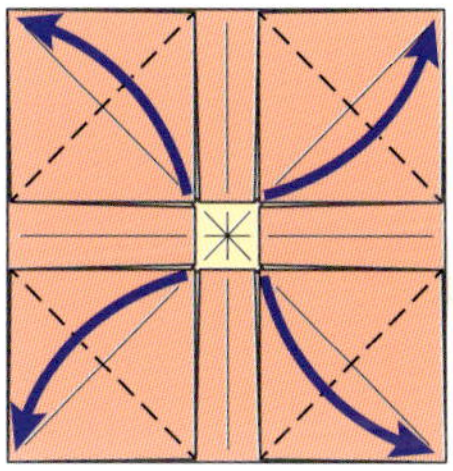

14 윗겹을 밖으로 벌려 접어요.

15 한 번 더 밖으로 벌려 접어요.

아머 완성!

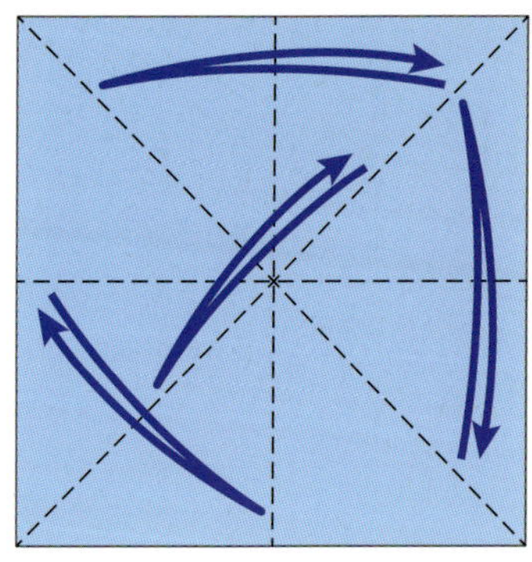

1 가로세로, 대각선으로 접었다 펴요.

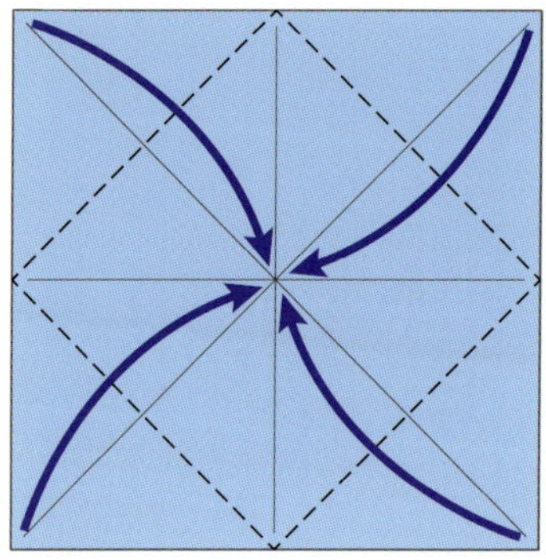

2 가운데에 맞춰 접어요.

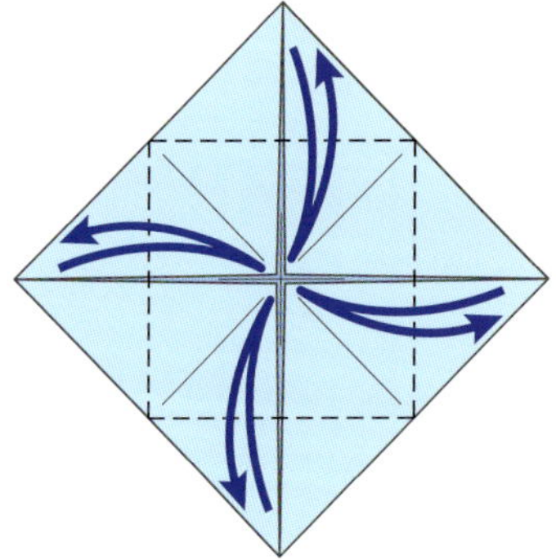

3 가운데에 맞춰 접었다 펴요.

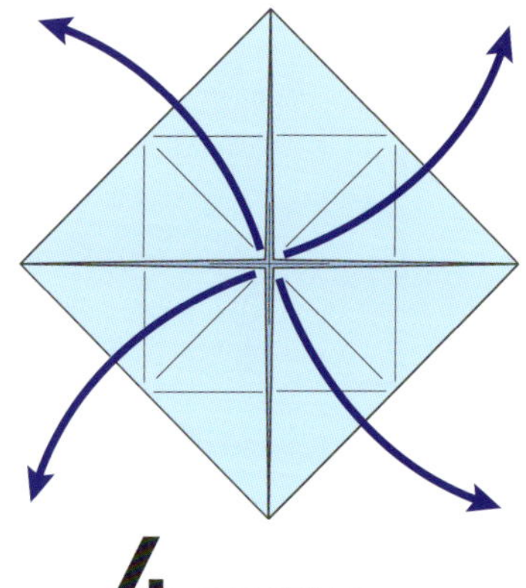

4 모두 펼쳐요.

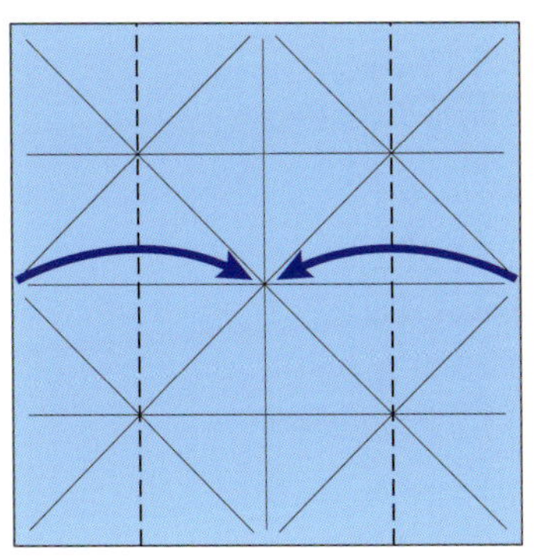
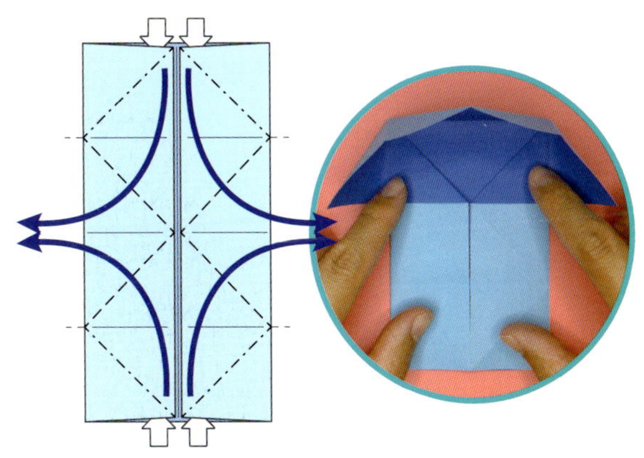

5 양옆을 안쪽으로 접어요.

6 화살표 부분에 손가락을 넣어서
양쪽으로 벌리며 눌러 접어요.

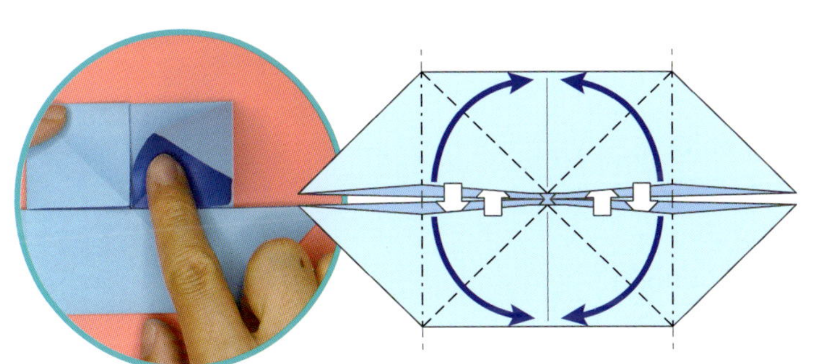
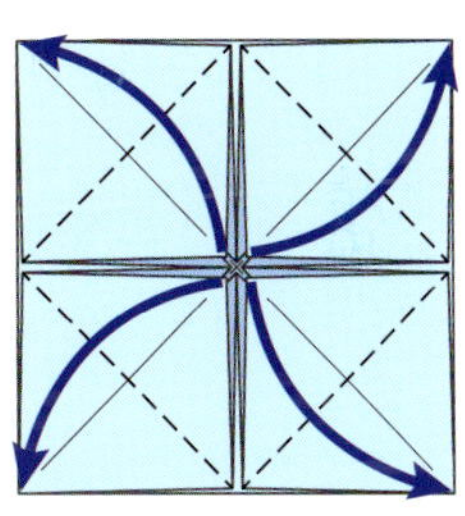

7 화살표 부분에 손가락을 넣어서
위아래로 벌리며 눌러 접어요.

8 윗겹을 밖으로 벌려
접어요.

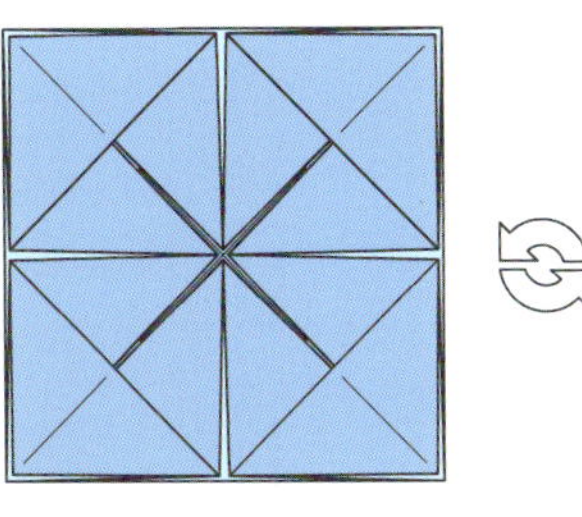

9 방향을 돌려요.

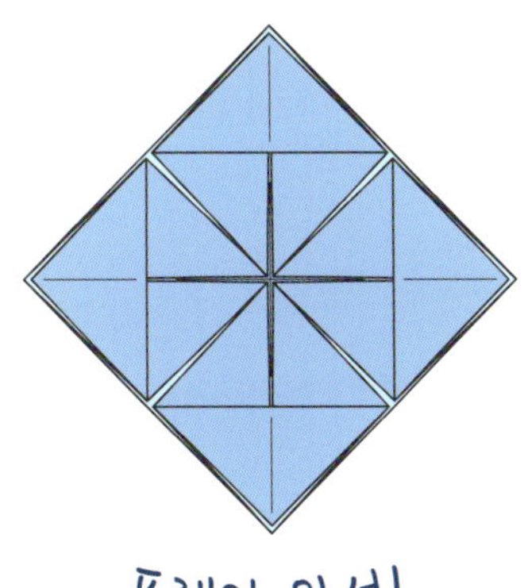

프레임 완성!

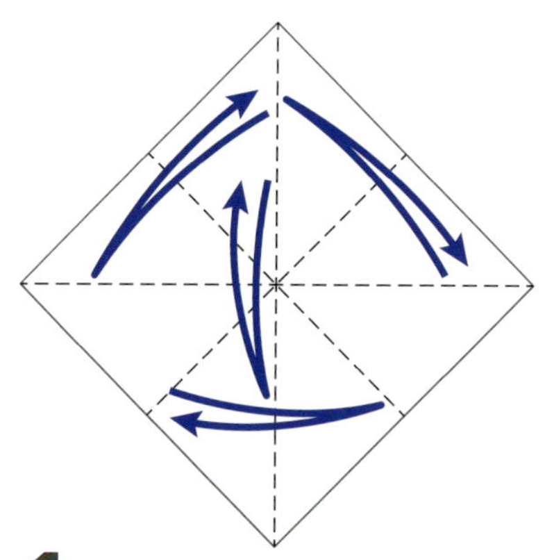

1 가로세로, 대각선으로 접었다 펴요.

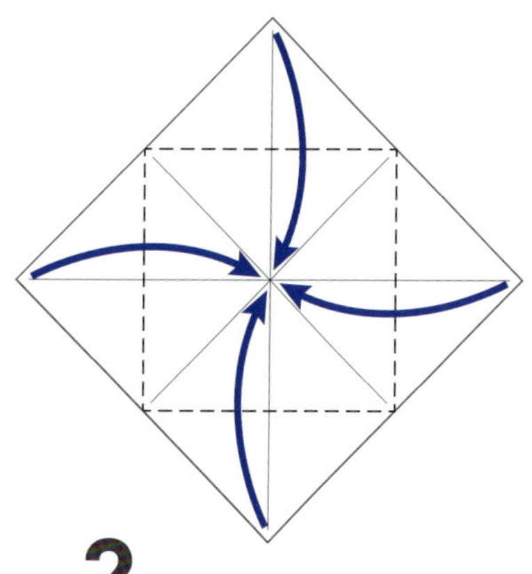

2 가운데에 맞춰 접어요.

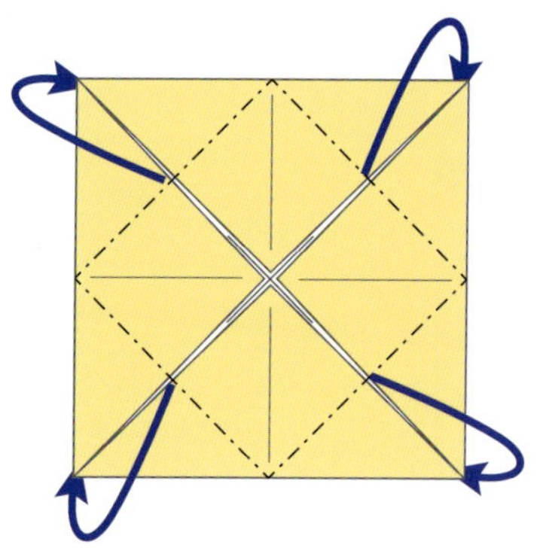

3 뒤쪽 가운데에 맞춰 산 접기를 해요.

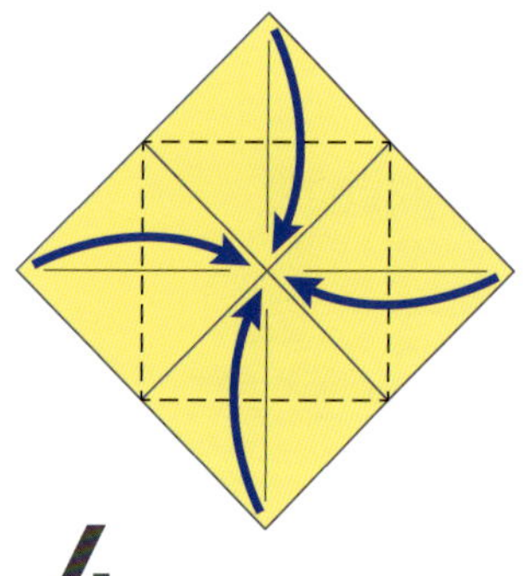

4 가운데에 맞춰 접어요.

5 뒤집어요.

코어 완성!

프레임드코어

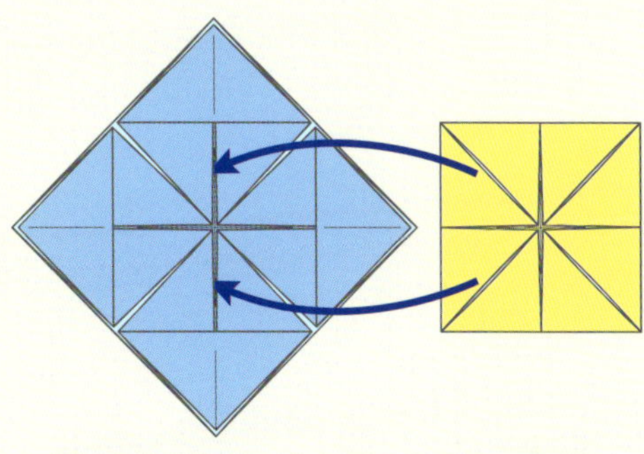

1 프레임에 코어를 화살표 방향으로 끼워 넣어요.

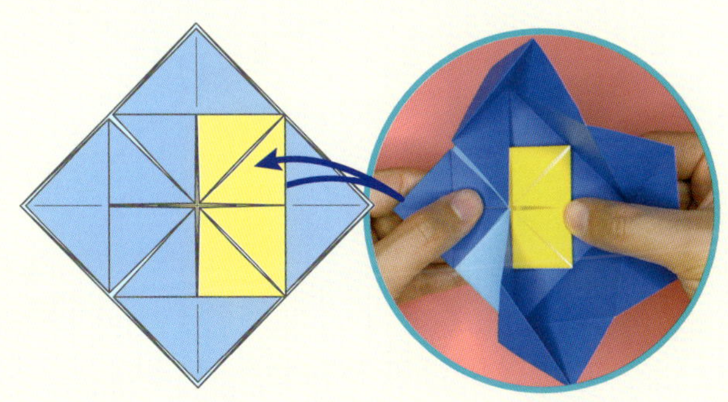

2 아래쪽 프레임 겹을 꺼내서 코어를 감싸요.

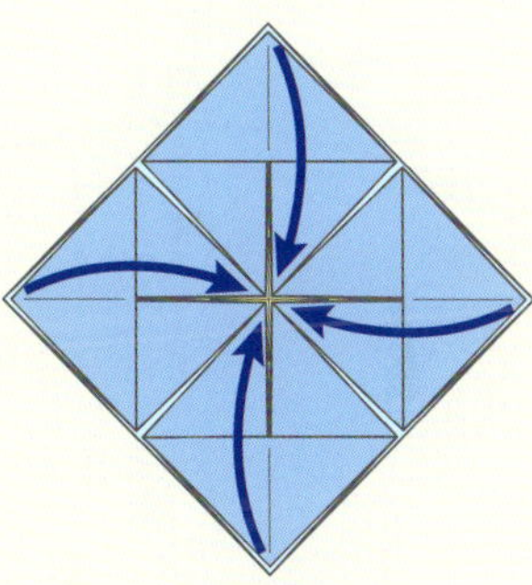

3 벌려 접었던 프레임 윗겹을 덮어요.

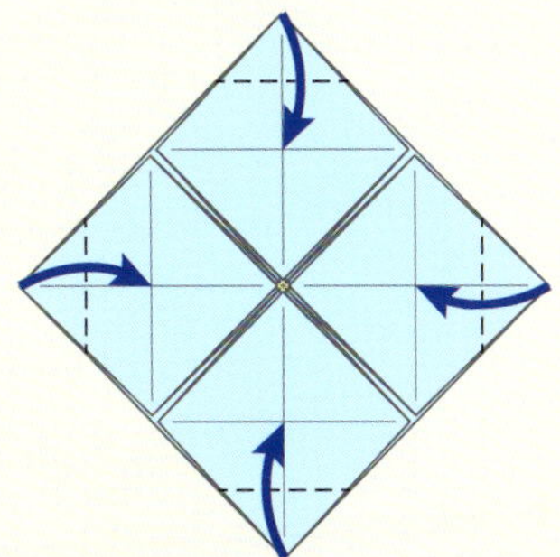

4 보조선이 교차하는 곳에 맞춰 접어요.

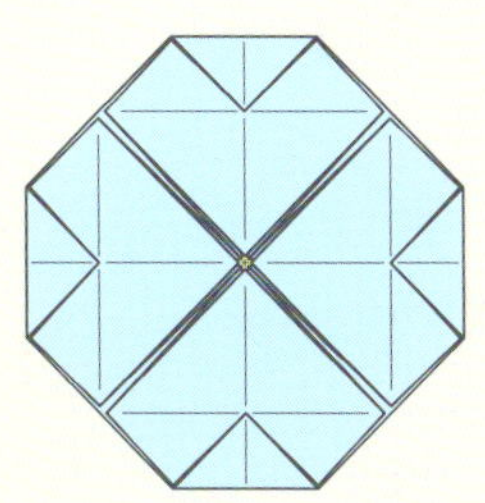

프레임드코어 완성!

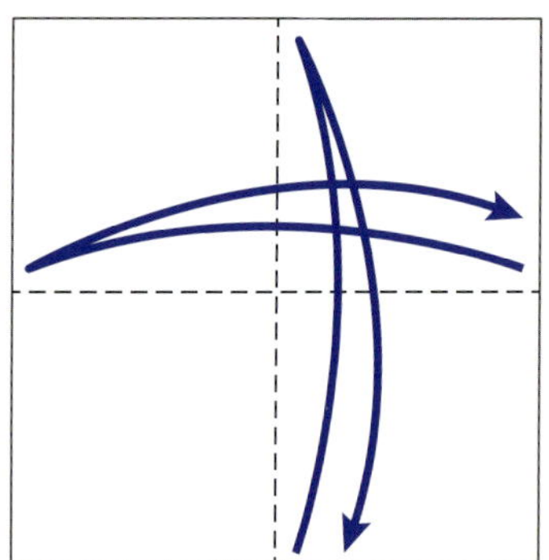

1 가로세로로 접었다 펴요.

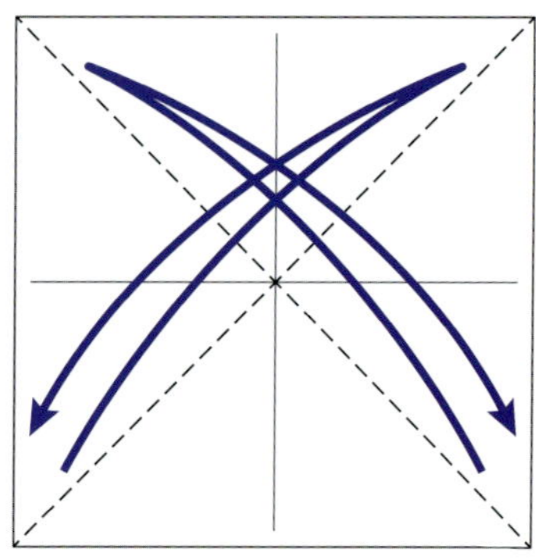

2 대각선으로 접었다 펴요.

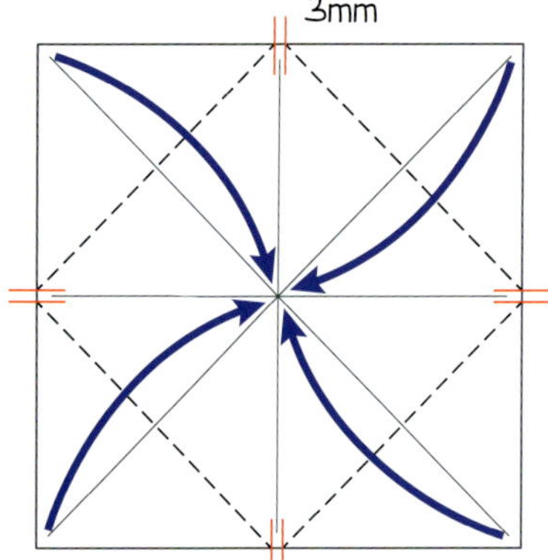

3 3mm 정도 띄우고
가운데에 맞춰 접어요.

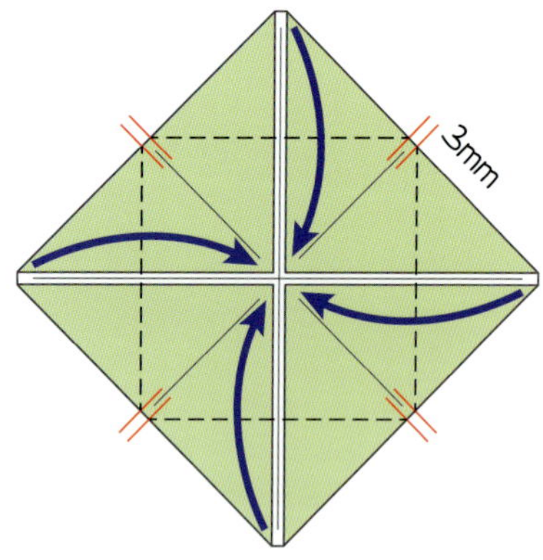

4 한 번 더 3mm 정도 띄우고
가운데에 맞춰 접어요.

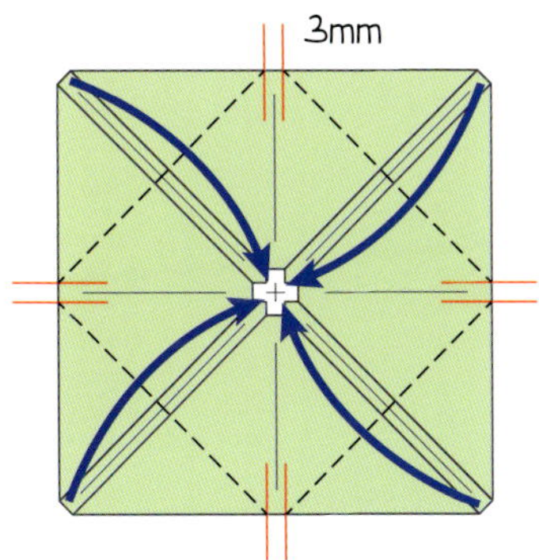

5 또 한 번 3mm 정도 띄우고 가운데에 맞춰 접어요.

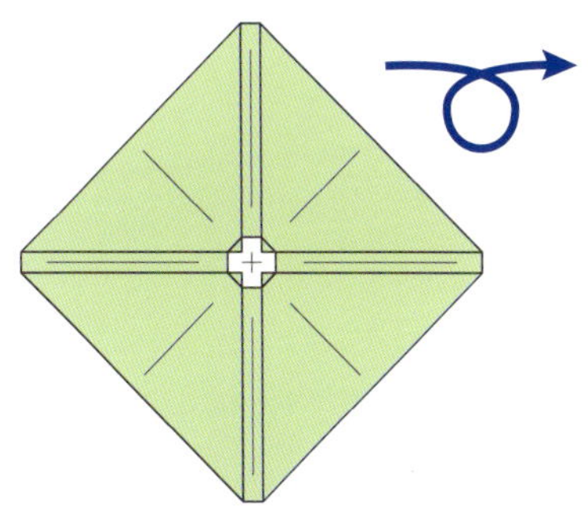

6 뒤집어요.

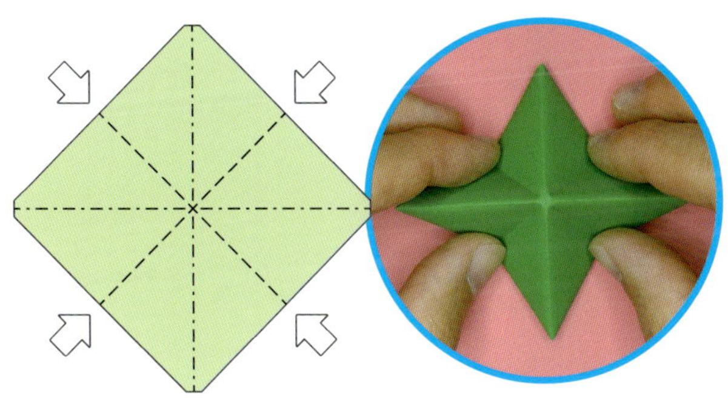

7 가운데가 뾰족하게 올라오도록 화살표 부분을 가운데로 모아서 오므려 접어요.

팽이로 노는 방법

팽이 노는 법

★ 누가누가 오래 돌리나~ ★

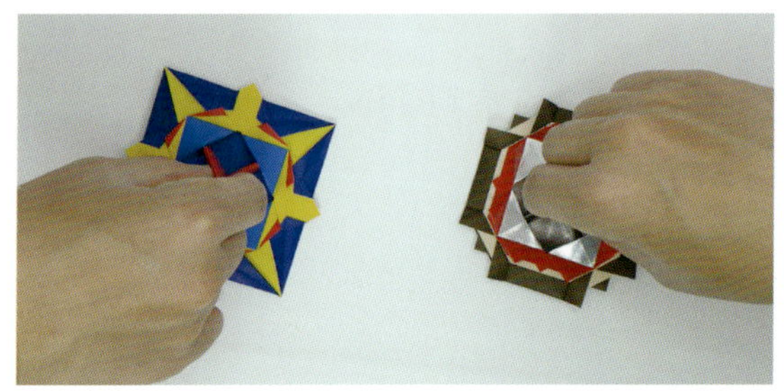

동시에 팽이를 돌리기 시작해서 누가 더 오래 돌리나 겨뤄 보세요. 한 판을 이기면 1점씩 얻어서 10점을 먼저 내는 사람이 이기는 경기도 좋고, 오래 돌리는 사람이 상대의 팽이를 가져가는 경기도 흥미진진합니다. 혼자서 한다면 양손으로 돌려도 재밌어요!

TIP 더 오래 도는 팽이를 접으려면 꼼꼼하게 접도록 합니다. 1mm 오차도 없이 접으면 한쪽으로 치우치지 않고, 마찰력도 최소화되기 때문에 오래 잘 도는 팽이를 만들 수 있어요.

★ 빨대로 폐활량 배틀! ★

팽이를 입으로 불면 바람이 퍼지지만, 빨대로 불면 바람이 모여서 돌리고 싶은 방향으로 팽이를 돌릴 수 있어요. 폐활량이 닿는 한 무한으로요! 팽이를 손으로 돌린 다음 빨대로 불어서 계속 돌아가게 하면 된답니다. 단, 침이 나오지 않게 조심하세요~

종이 팽이로도 팽이 배틀을 할 수 있어요. 색종이를 팽이 놀이판으로 삼아서 그 위에서 팽이를 돌린 다음, 색종이를 움직여서 서로 부딪치면 된답니다. 상대 팽이의 회전을 멈추게 하는 쪽이 승리!

TIP 부딪쳐서 이기려면 힘이 강해야 해요. 힘은 무게에 비례하기 때문에 원지평량(단위 면적당 무게)이 높은 색종이가 좋습니다. 색종이의 품질표시 부분을 살펴보면 일반 색종이의 원지평량이 $60g/m^2$인데, 그보다 두꺼운 색종이를 시중에서 구할 수 있어요. (종이나라 레인보우색종이는 $75g/m^2$, 양면다른무늬색종이는 $80g/m^2$)

한꺼번에 여러 개의 팽이를 놓고 릴레이로 돌려도 재밌어요. 정해진 시간 동안 얼마나 많은 팽이를 돌릴 수 있는지, 혹은 시간 종료 후까지 계속 돌아가는 팽이의 개수를 세며 내기해 보세요!

TIP 팽이끼리 서로 부딪치면 회전을 멈추게 됩니다. 따라서 여러 개를 한꺼번에 돌리려면 팽이를 너무 가깝게 놓지 않도록 합니다.

PART 1
공격형

프리즘 블레이드

플라즈마 크로스

블룸 버스터

미스틱 쉐도우

미드나잇 스타

01
프리즘 블레이드
Prism Blade

사방으로 부서지듯 갈라져
칼날처럼 파고드는
세상 가장 날카로운 회전

공격력 ★★★★★
방어력 ★★★★☆☆
지구력 ★★★★★☆
균형감 ★★★☆☆☆

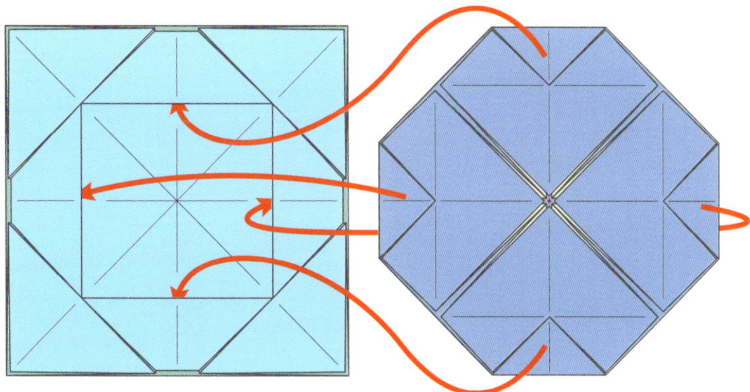

1 아머에 프레임드코어를 끼워 넣어요.

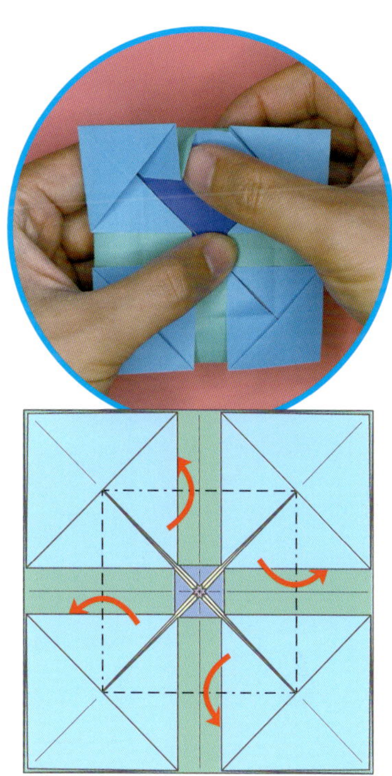

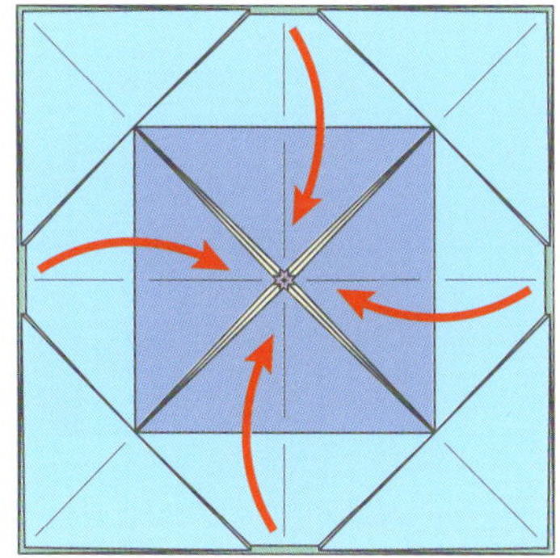

2 벌려 접었던 아머 부분을 덮어요.

3 보조선을 따라 안으로 넣어 접어요.

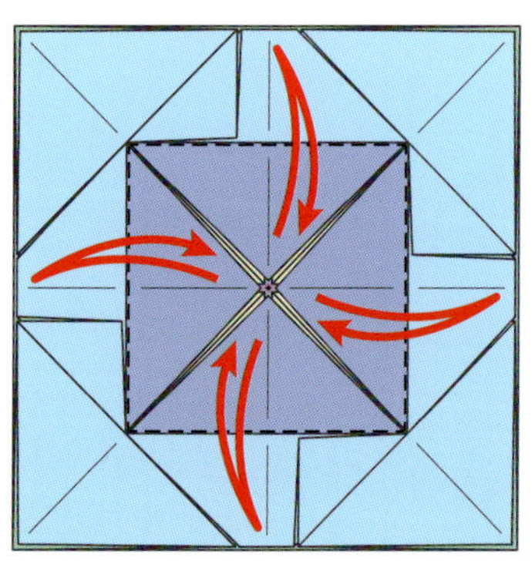

4 프레임 윗겹을 가장자리를 따라
밖으로 벌려 접었다 펴요.

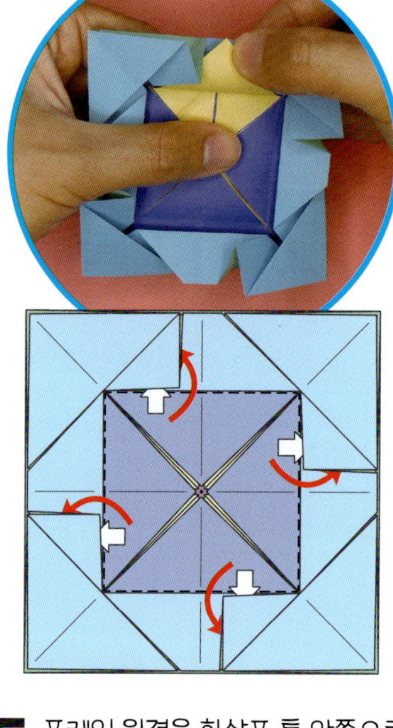

5 프레임 윗겹을 화살표 틈 안쪽으로
넘겨 접어요.

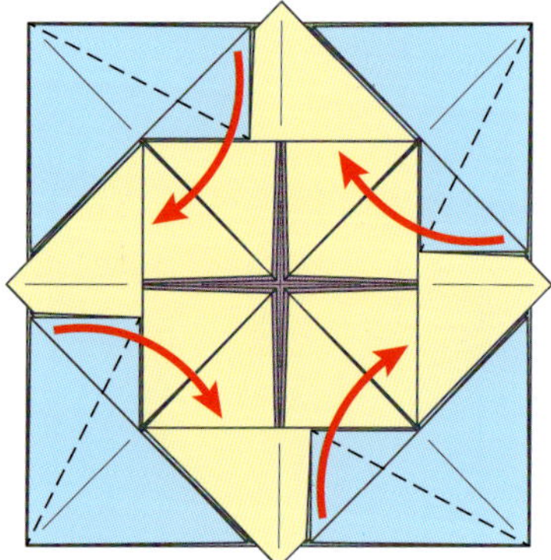

6 아머를 비스듬히 접어요.

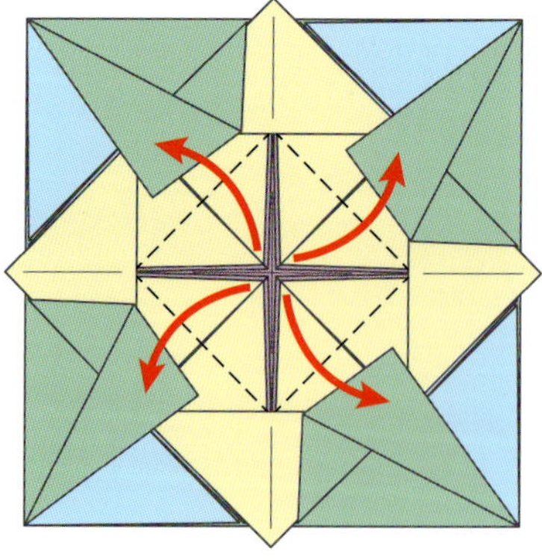

7 프레임 안쪽 겹을 밖으로
벌려 접어요.

8 코어를 가장자리에 맞춰 비스듬히 접어요.

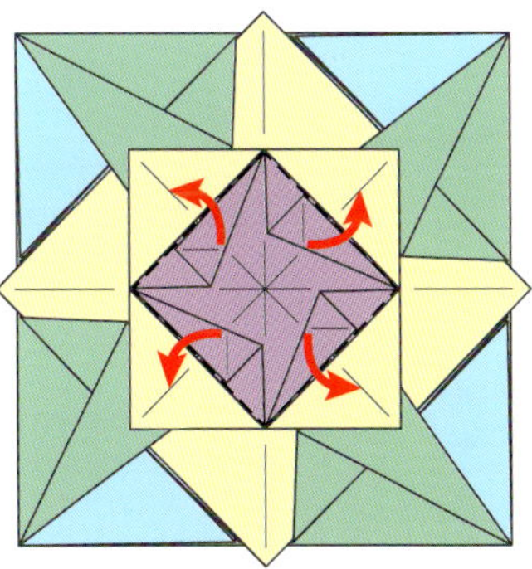

9 가장자리를 따라 밖으로 벌려 접어요.

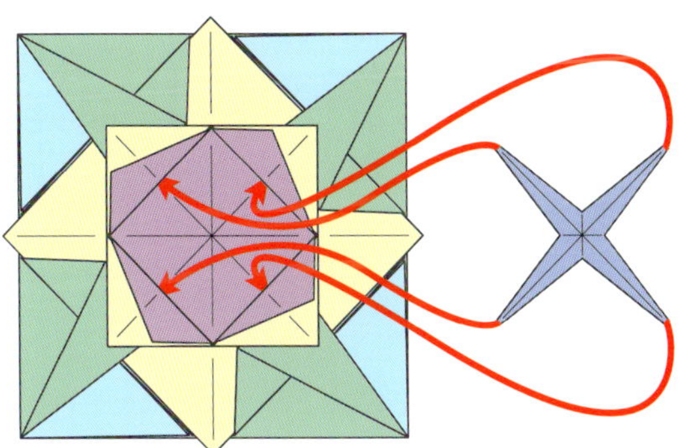

10 그립을 끼워 넣어요.

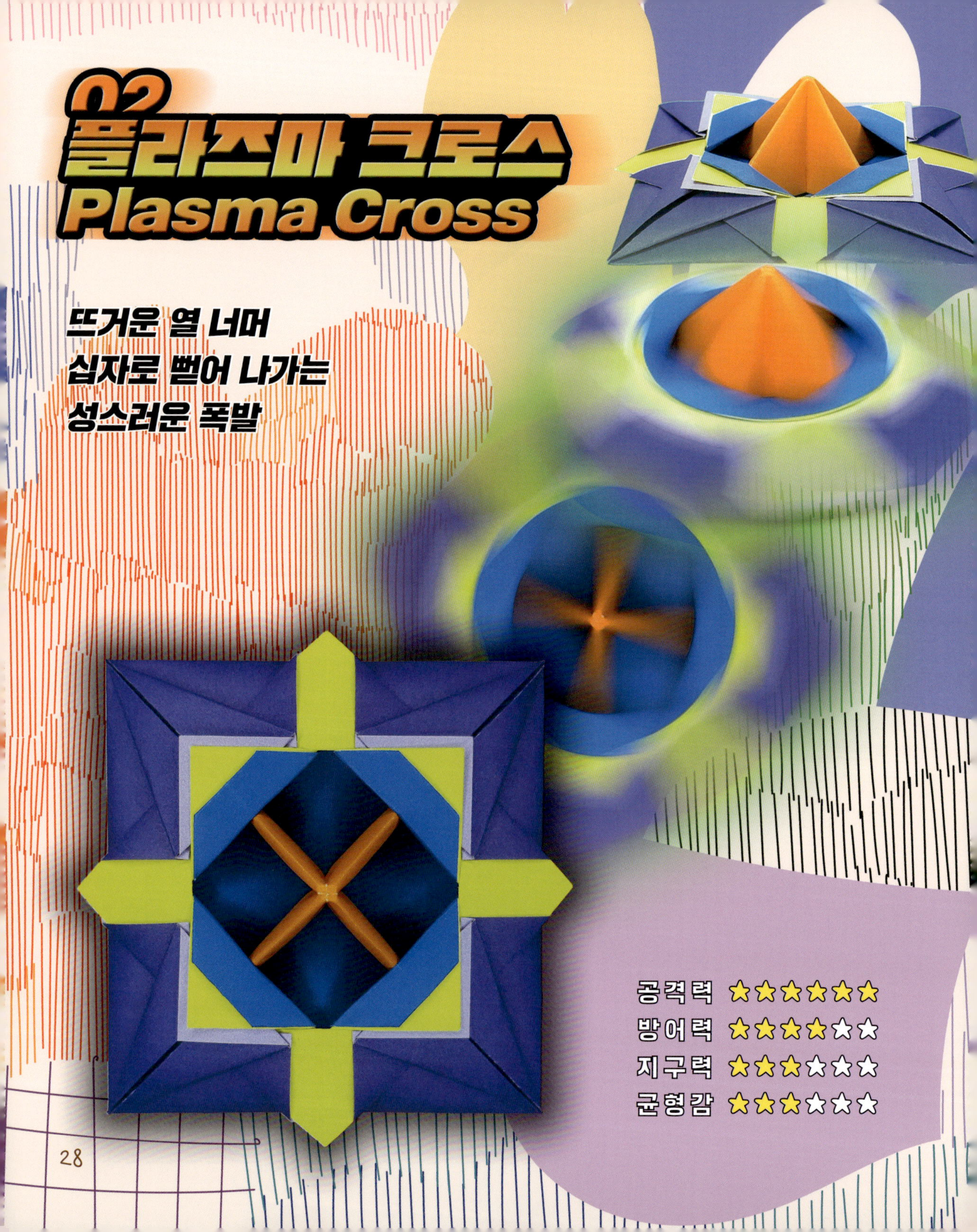

02
플라즈마 크로스
Plasma Cross
뜨거운 열 너머
십자로 뻗어 나가는
성스러운 폭발
공격력 ★★★★★★
방어력 ★★★★★☆
지구력 ★★★☆☆☆
균형감 ★★★☆☆☆

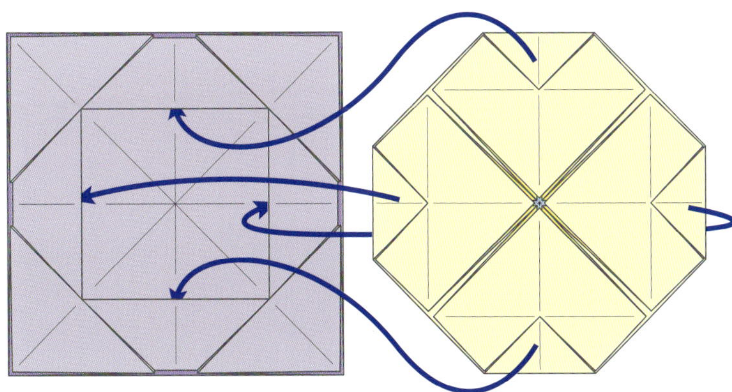

1 아머에 프레임드코어를 끼워 넣어요.

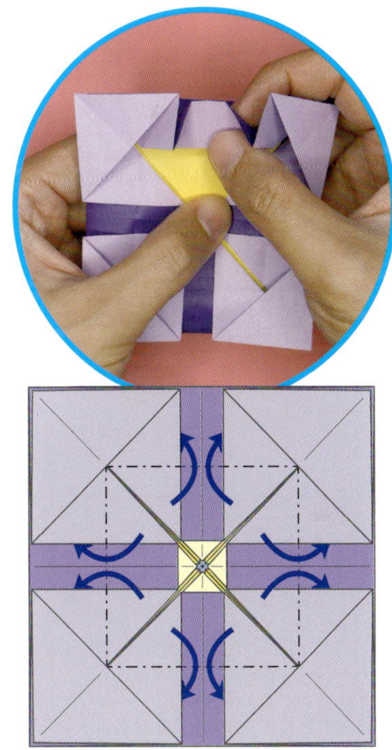

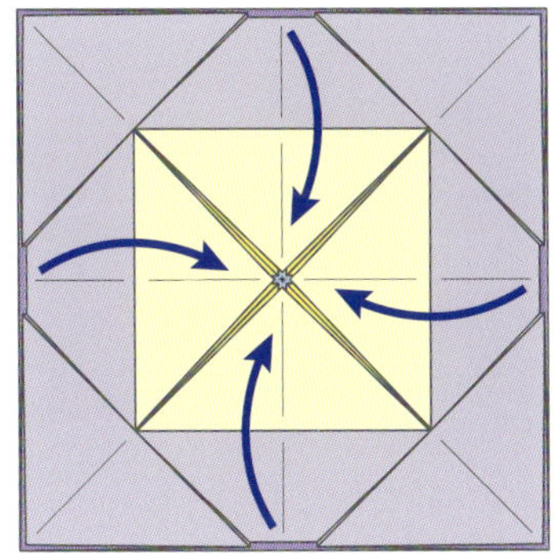

2 벌려 접었던 아머 부분을 덮어요.

3 보조선을 따라 안으로 넣어 접어요.

4 프레임 윗겹을 가장자리를 따라
밖으로 벌려 접었다 펴요.

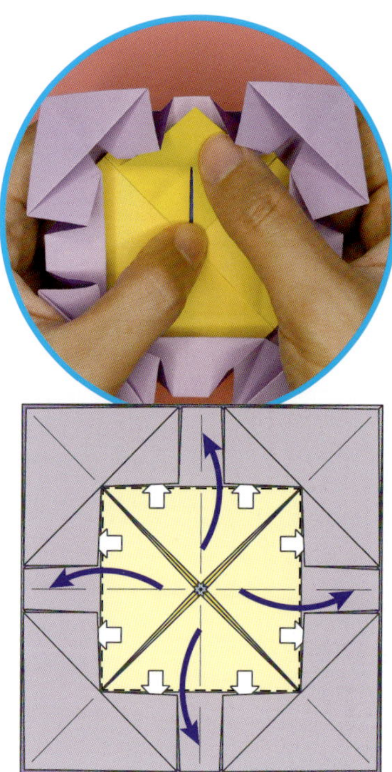

5

프레임 윗겹을 화살표 틈
안쪽으로 넘겨 접어요.

6

아머를 안쪽으로 덮어요.

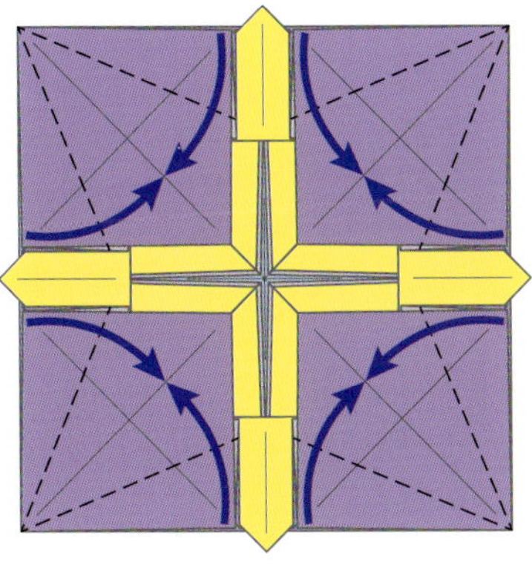

7 윗겹을 보조선에 맞춰 접어요.

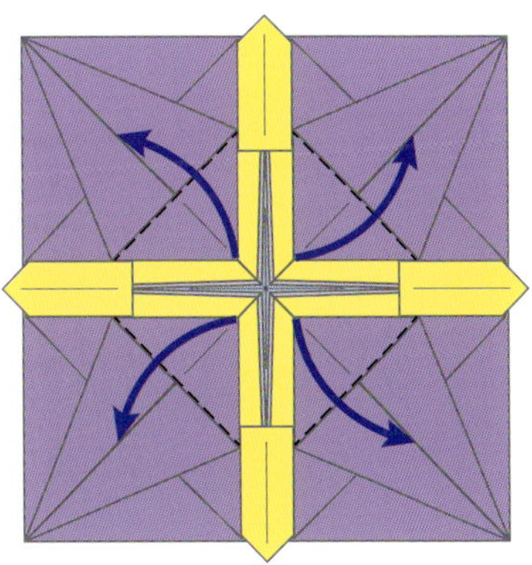

8 아머를 밖으로 벌려 접어요.

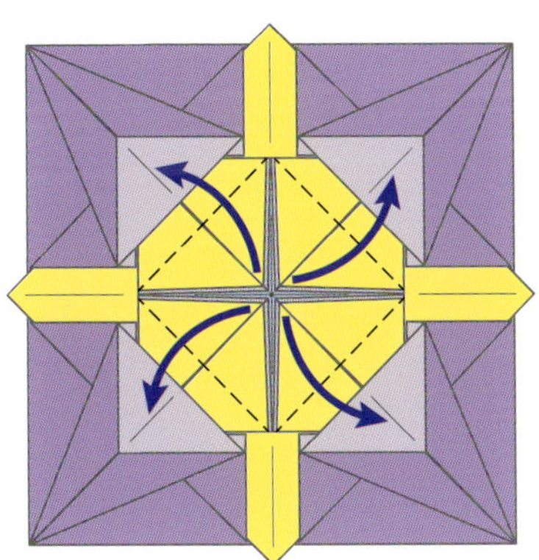

9 프레임 안쪽 겹을 밖으로 벌려 접어요.

10 코어를 가장자리에 맞춰 접어요.

11 가장자리를 따라 밖으로
벌려 접어요.

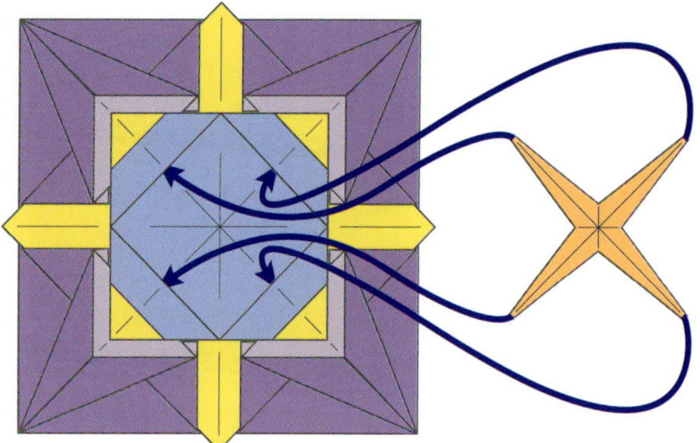

12 그립을 끼워 넣어요.

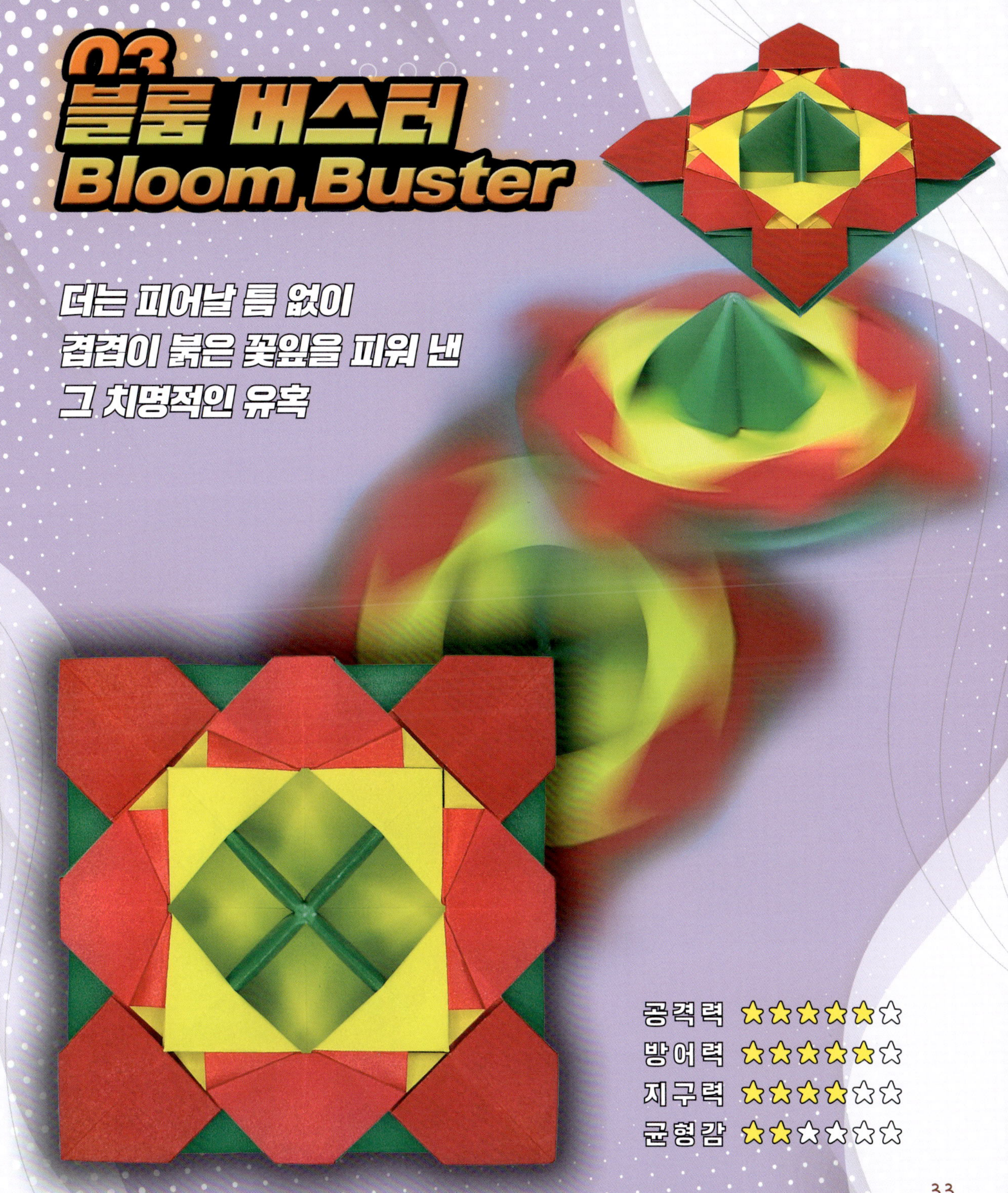

더는 피어날 틈 없이
겹겹이 붉은 꽃잎을 피워 낸
그 치명적인 유혹

공격력 ★★★★★☆
방어력 ★★★★★☆
지구력 ★★★★☆☆
균형감 ★★☆☆☆

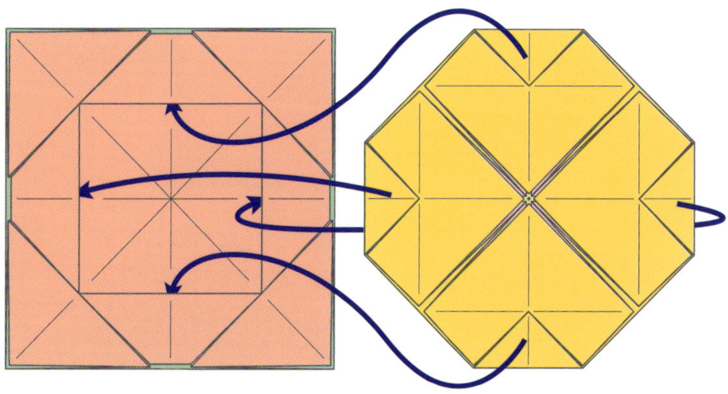

1 아머에 프레임드코어를 끼워 넣어요.

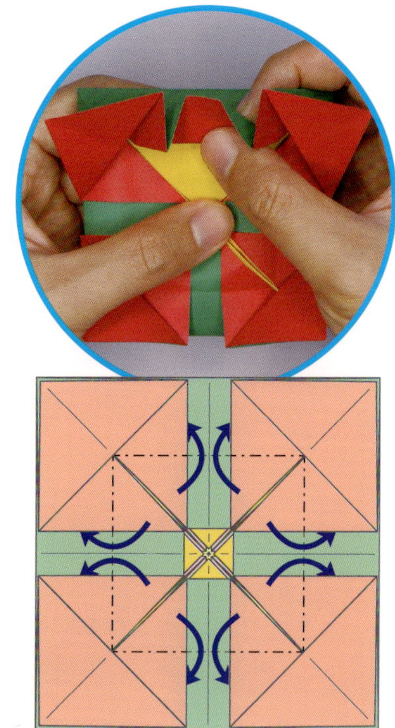

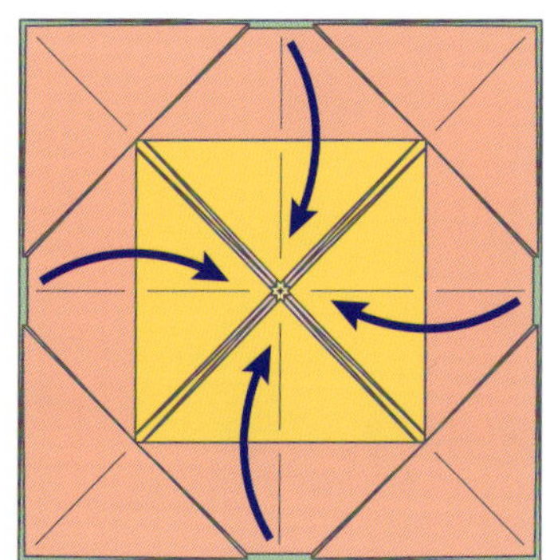

2 벌려 접었던 아머 부분을 덮어요.

3 보조선을 따라 안으로 넣어 접어요.

4 대각선에 맞춰 접었다 펴요.

5 접었다 편 부분을 뒤쪽 틈으로
산 접기를 해요.

6 프레임 윗겹을 가장자리를 따라
밖으로 벌려 접어요.

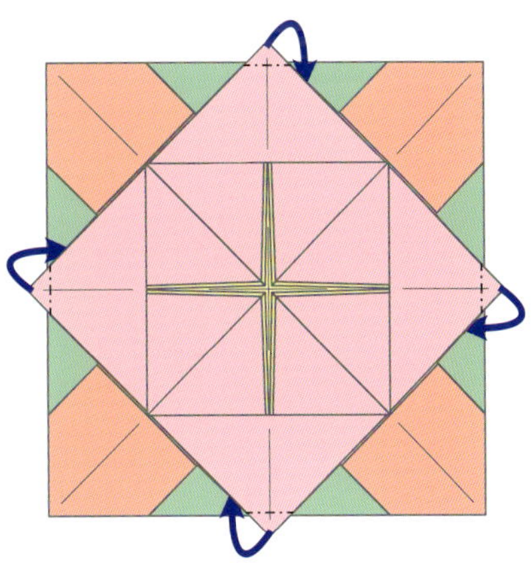

7 튀어나온 부분을 뒤쪽 틈으로
산 접기를 해요.

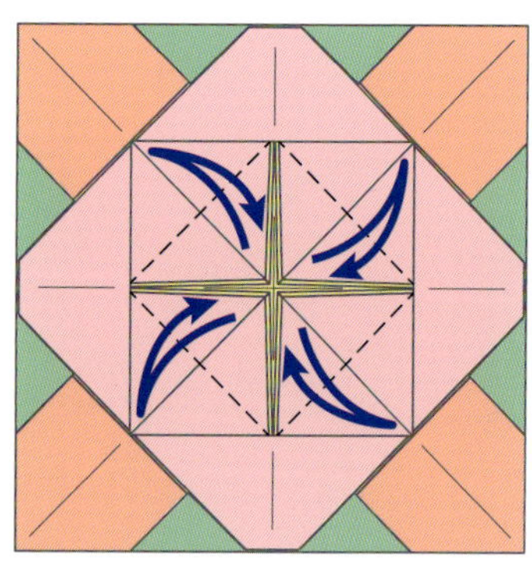

8 프레임 안쪽 겹을 밖으로 벌려
접었다 펴요.

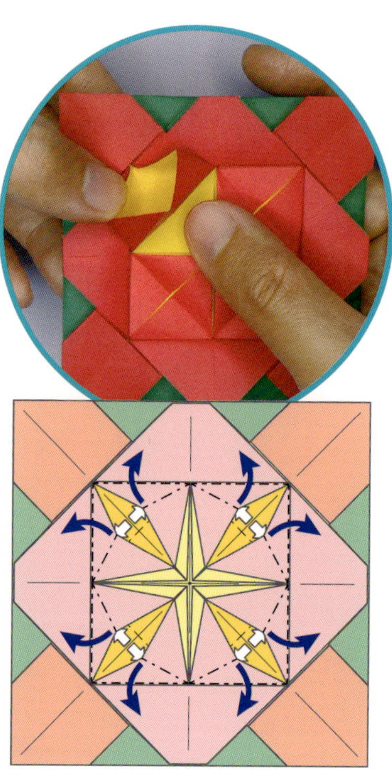

9 안쪽 틈을 벌리며 눌러 접어요.

10 보조선에 맞춰
접었다 펴요.

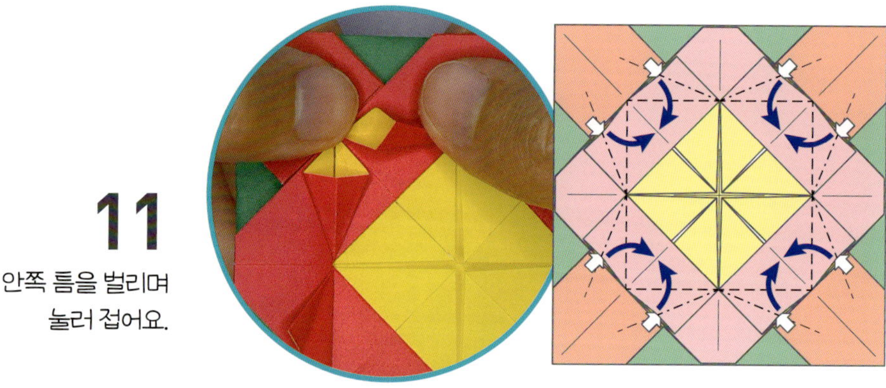

11 안쪽 틈을 벌리며
눌러 접어요.

12
코어를 밖으로
벌려 접어요.

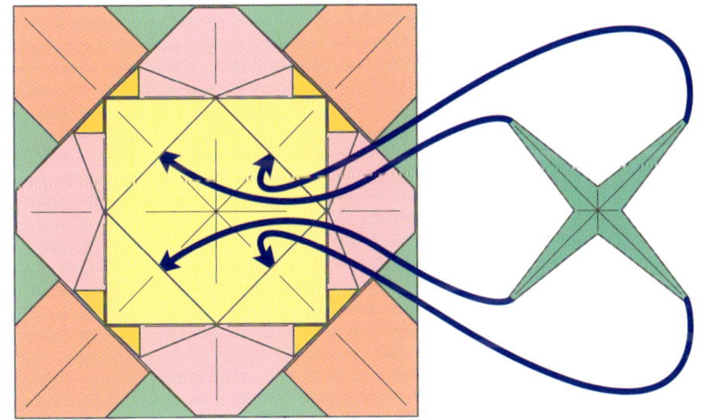

13
그립을 끼워 넣어요.

완 성!!

04
미스틱 쉐도우
Mystic Shadow

가장 가깝고도
영원히 닿을 수 없는
신비로운 빛의 뒷모습

공격력 ★★★★★☆
방어력 ★★★★★☆
지구력 ★★★★☆☆
균형감 ★★☆☆☆

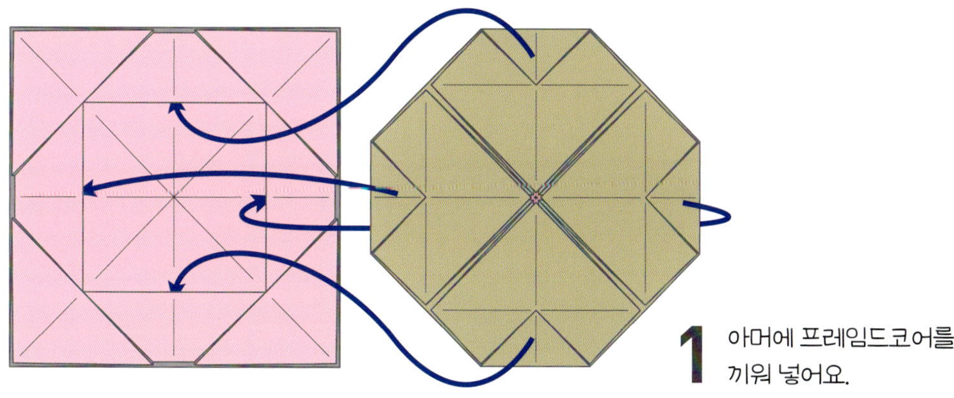

1 아머에 프레임드코어를
끼워 넣어요.

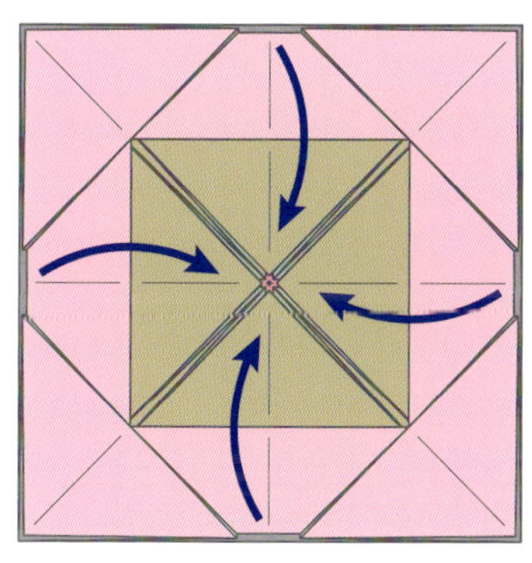

2 벌려 접었던 아머 부분을 덮어요.

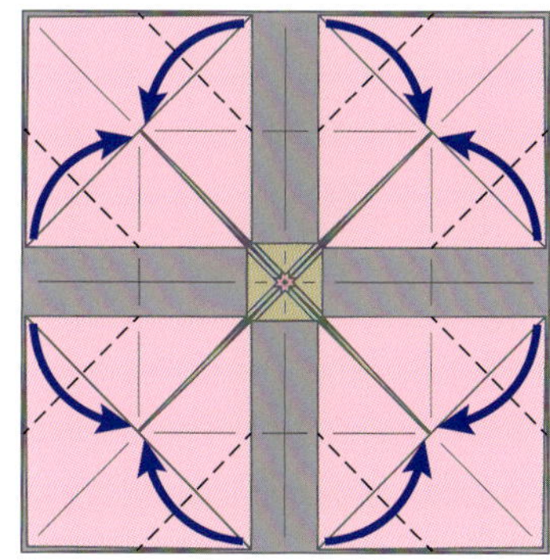

3 대각선에 맞춰 접어요.

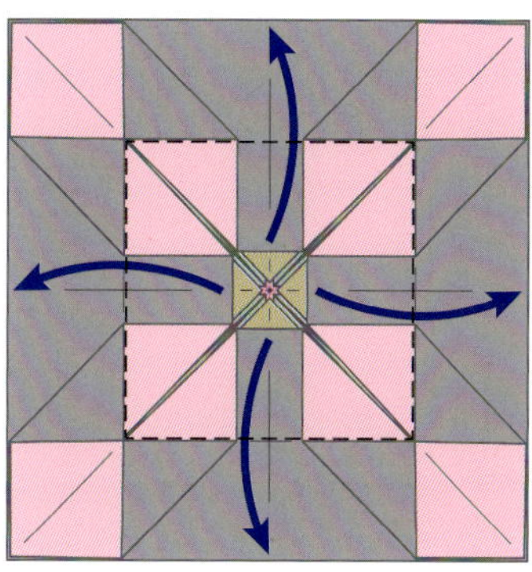

4 아머를 밖으로 벌려 접어요.

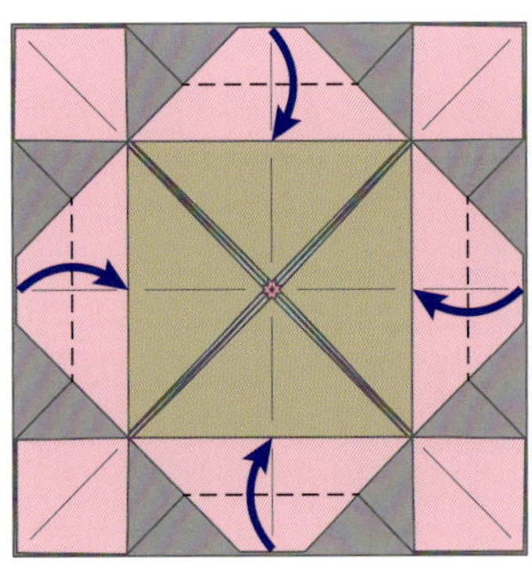

5 가장자리에 맞춰 접어요.

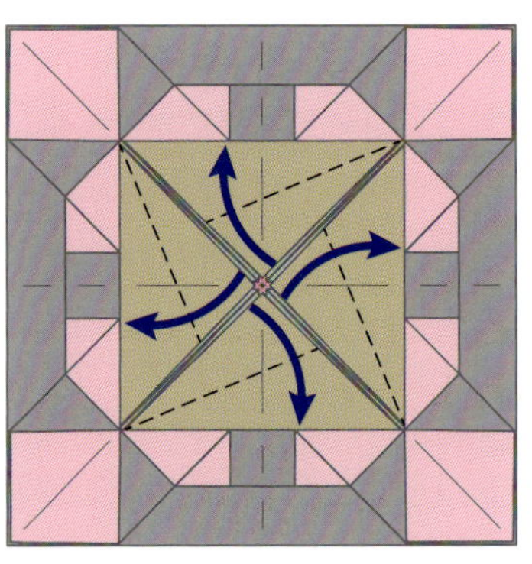

6 프레임 윗겹을 가장자리에 맞춰
비스듬히 접어요.

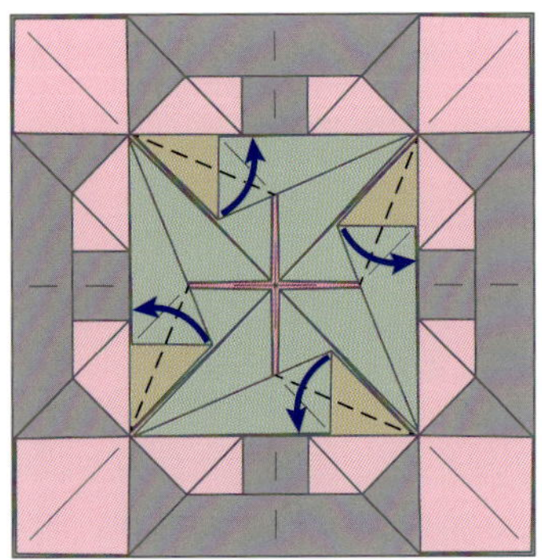

7 반대쪽도 마찬가지로 접어요.

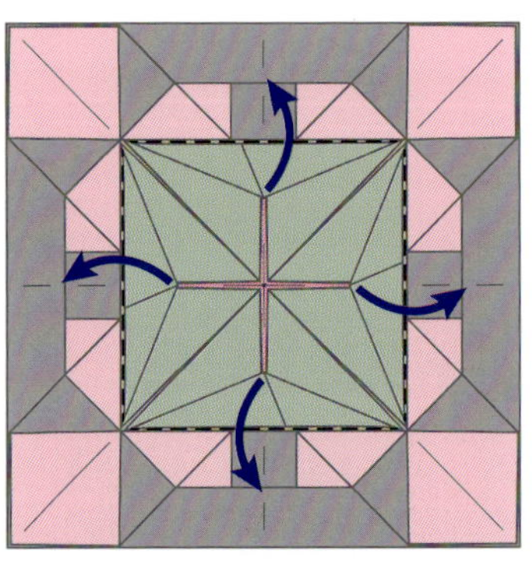

8 가장자리를 따라 밖으로
벌려 접어요.

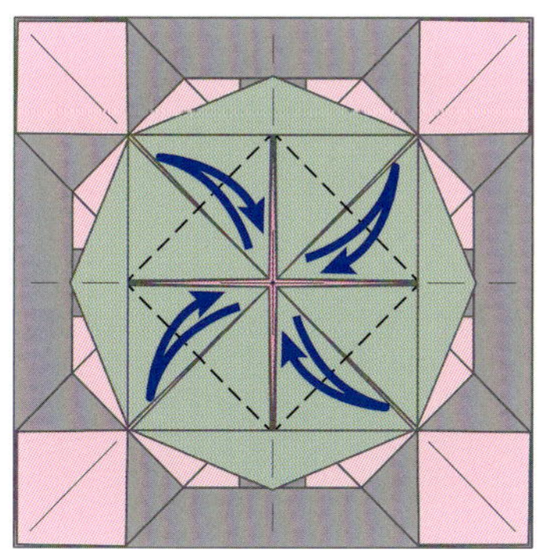

프레임 안쪽 겹을 밖으로 벌려
접었다 펴요.

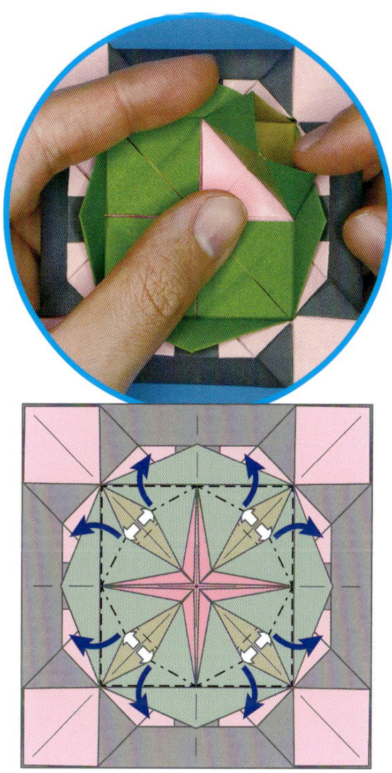

안쪽 틈을 벌리며 눌러 접어요.

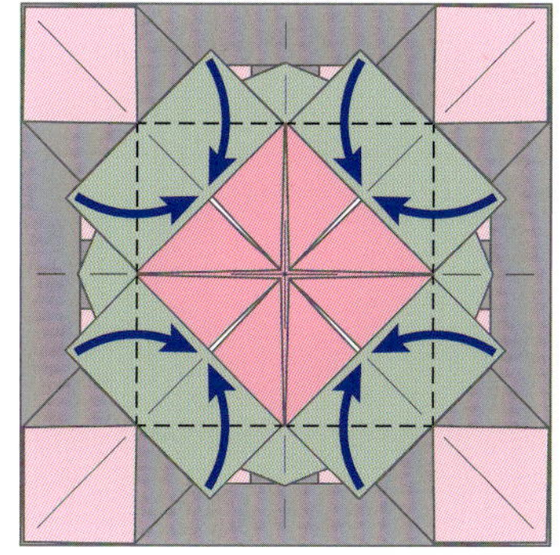

안쪽으로 넘겨 접어요.

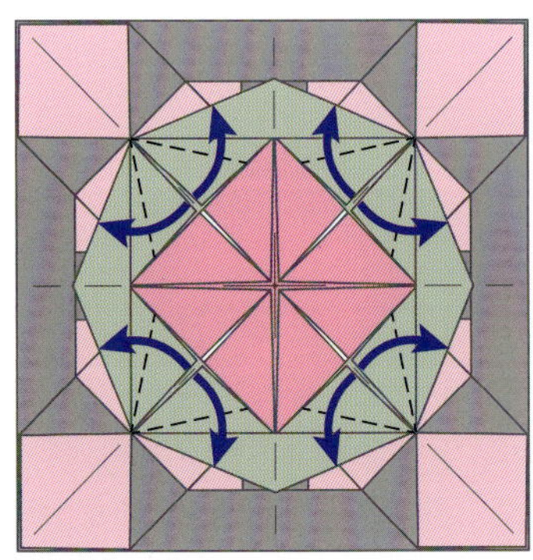

12 가장자리에 맞춰 접어요.

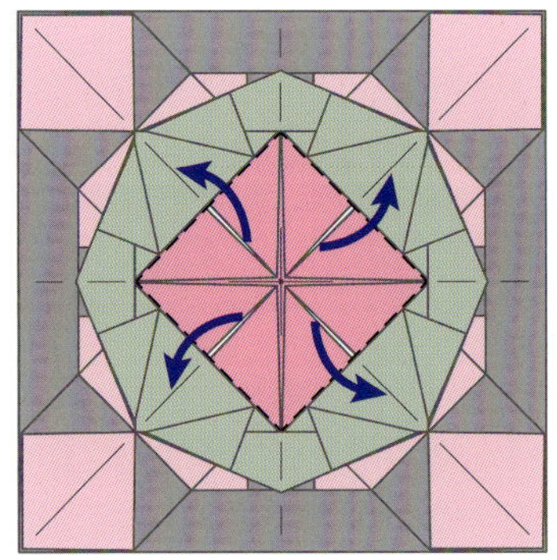

13 코어를 밖으로 벌려 접어요.

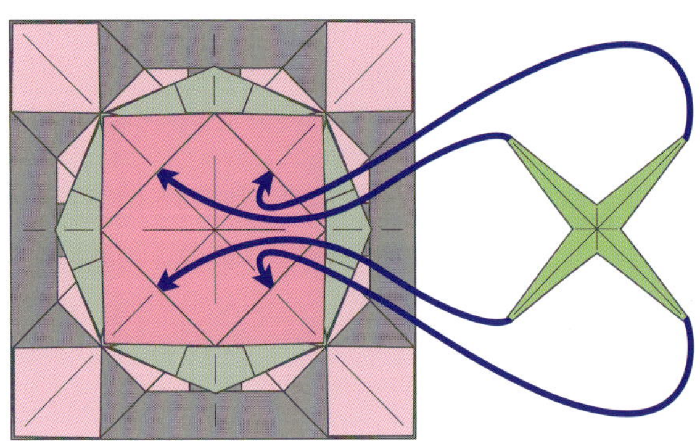

14 그립을 끼워 넣어요.

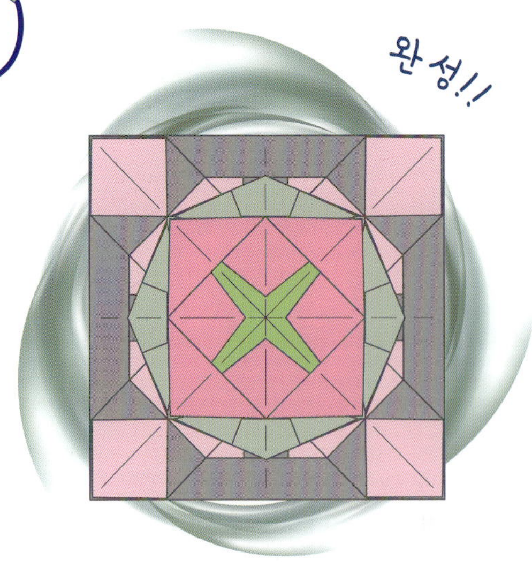

수억 광년을 건너와
깊은 밤을 밝히는
예리한 별빛의 궤적

공격력 ★★★★★★
방어력 ★★★★☆☆
지구력 ★★★☆☆☆
균형감 ★★★☆☆☆

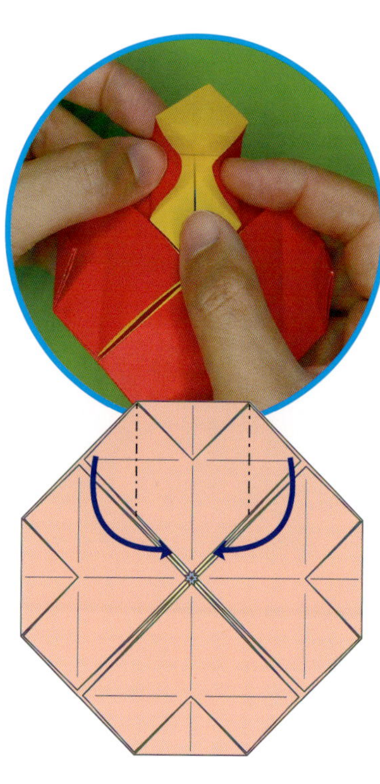

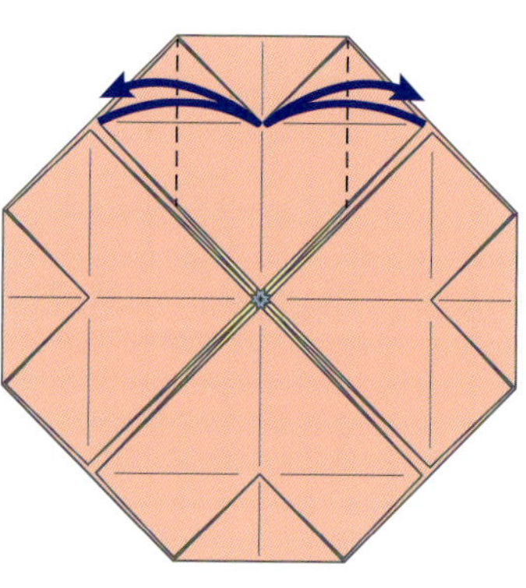

1 프레임드코어의
윗겹을 가운데에
맞춰 접었다 펴요.

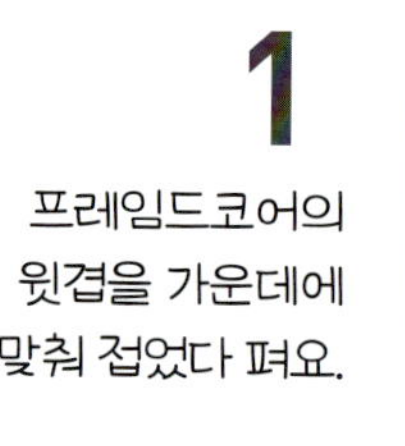

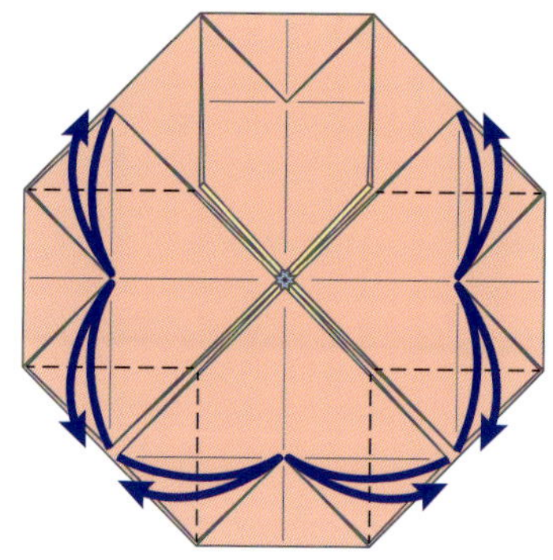

2 접었다 편 부분을 안으로
넣어 접어요.

3 나머지 세 군데도 **1~2**
과정대로 접어요.

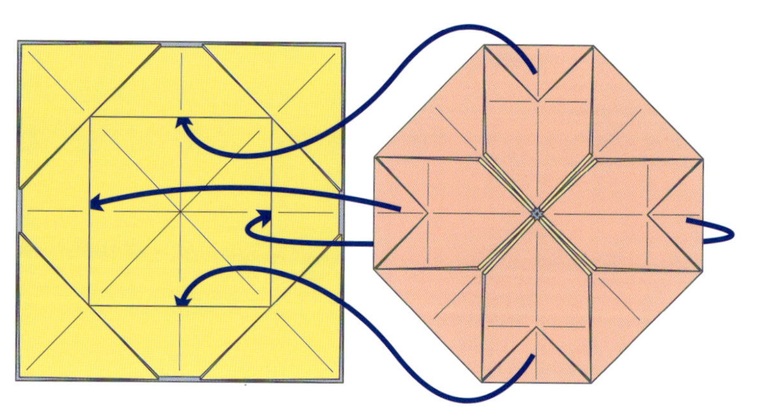

4 아머 안으로 프레임드코어를
끼워 넣어요.

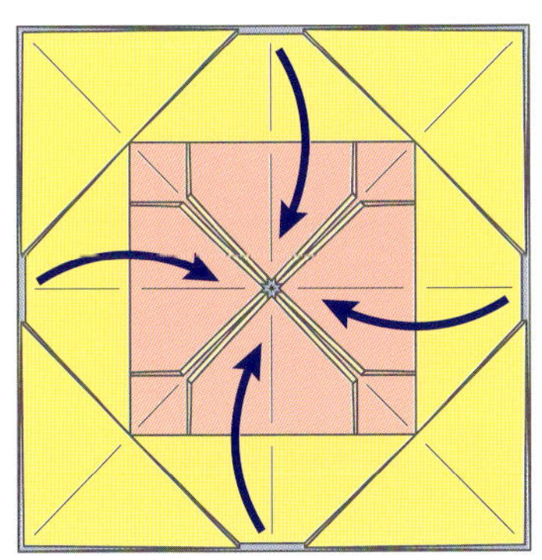

5 벌려 접었던 아머 부분을 덮어요.

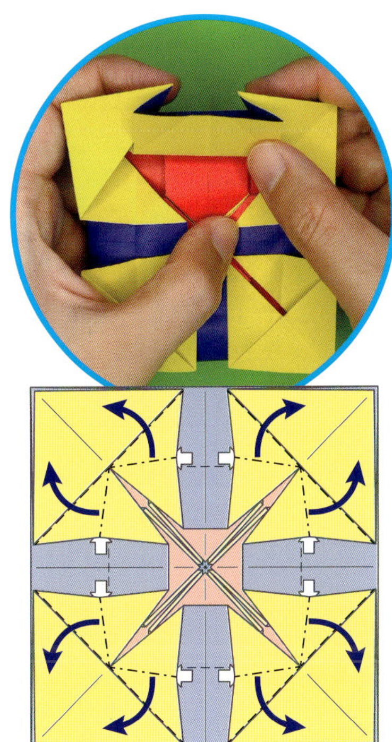

6 안쪽 틈을 벌리며 눌러 접어요.

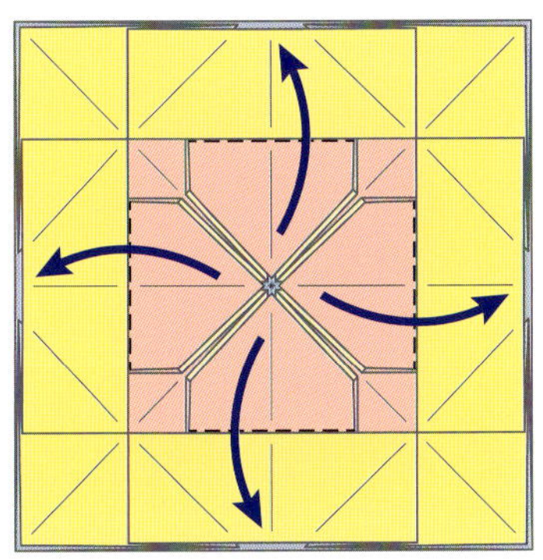

7 프레임 윗겹을 가장자리를 따라 밖으로 벌려 접어요.

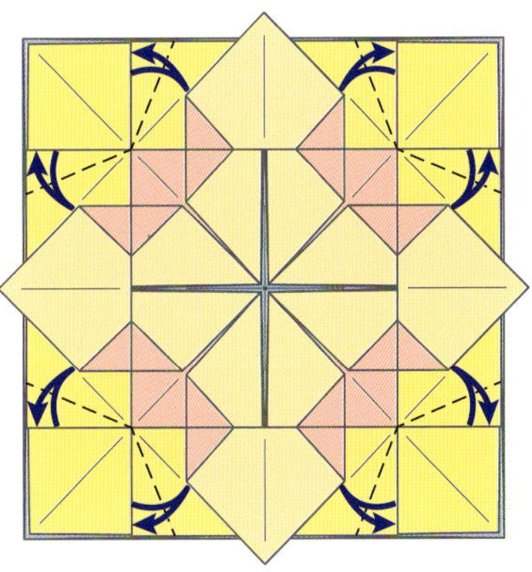

8 보조선에 맞춰 접었다 펴요.

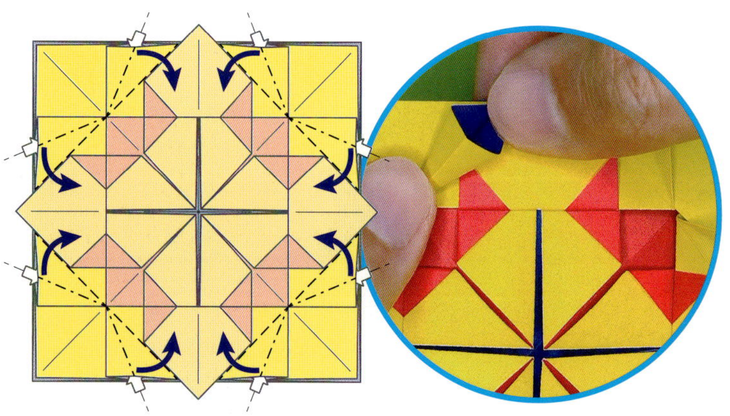

9 안쪽 틈을 벌리며 눌러 접어요.

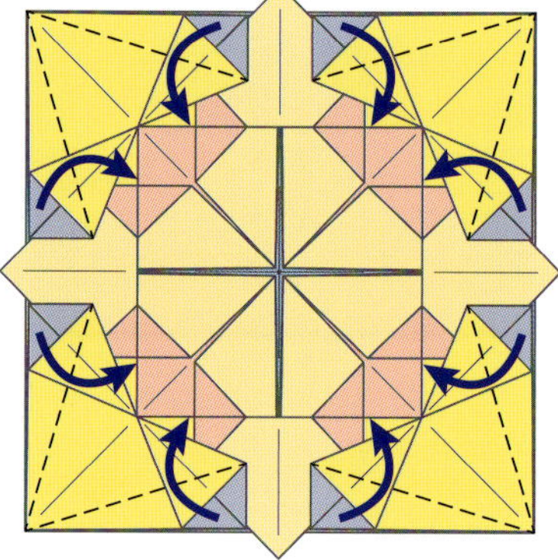

10 끝부분을 잇는 선을 따라 접어요.

11 프레임 윗겹을 비스듬히
벌려 접어요.

12
프레임을 밖으로 벌려
접었다 펴요.

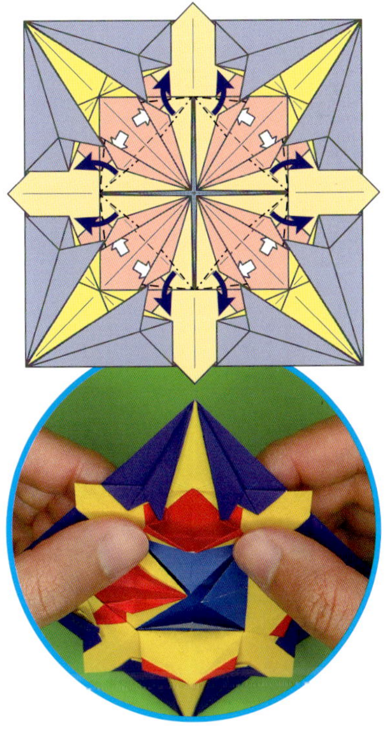

13 안쪽 틈을 벌리며 눌러 접어요.

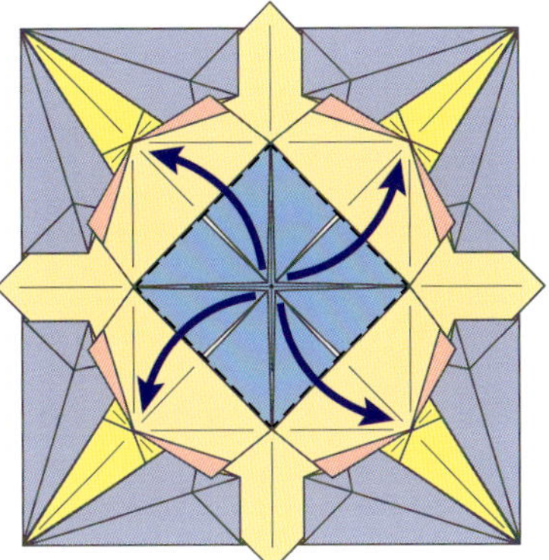

14 코어를 밖으로 벌려 접어요.

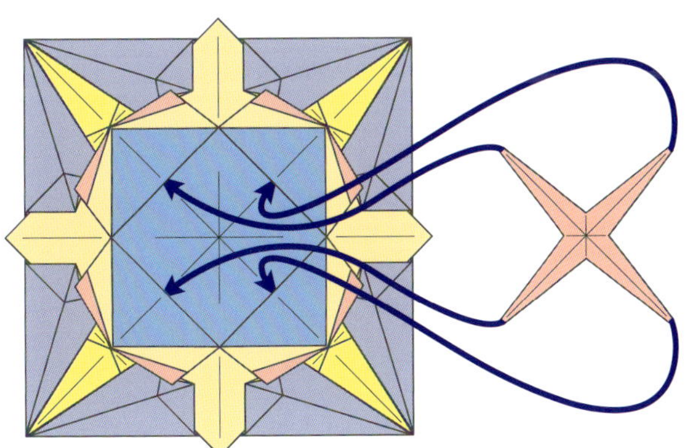

15 그립을 끼워 넣어요.

레인보우 가디언

아스트랄 실드

어스퀘이크

에덴 나이트

라이트닝 에레르

01 레인보우 가디언
Rainbow Guardian

폭풍이 지나간 자리에
한 겹, 또 한 겹
찬란한 평화를 쌓아 올리다

공격력 ★★★★★☆☆
방어력 ★★★★★★☆
지구력 ★★★★★☆☆
균형감 ★★★★★★☆

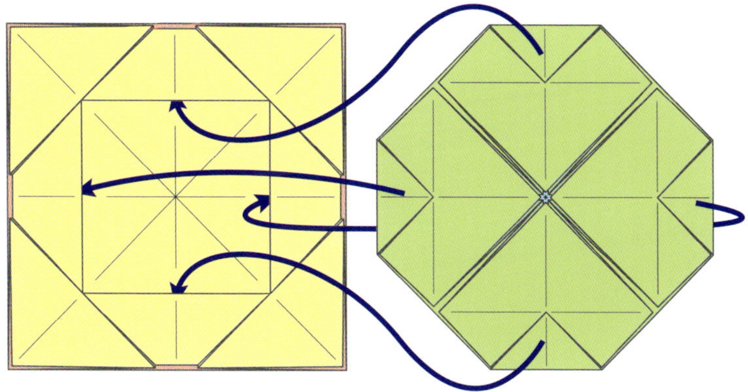

1 아머에 프레임드코어를 끼워 넣어요.

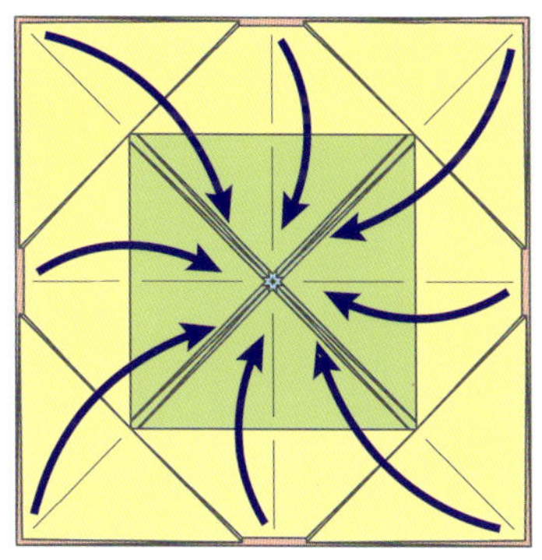

2 벌려 접었던 아머 부분을 모두 펴서 덮어요.

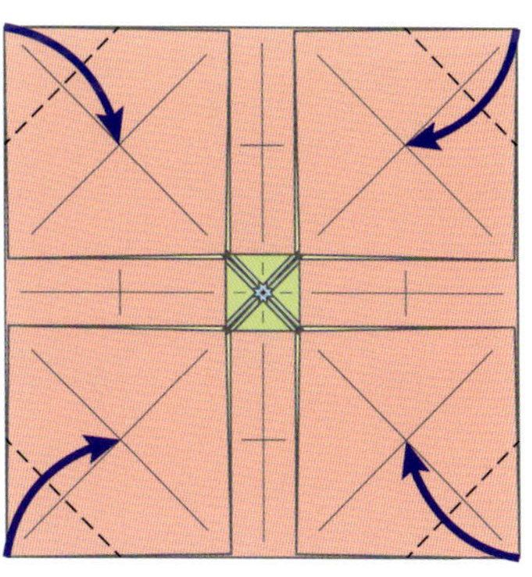

3 보조선이 교차하는 곳에 맞춰 접어요.

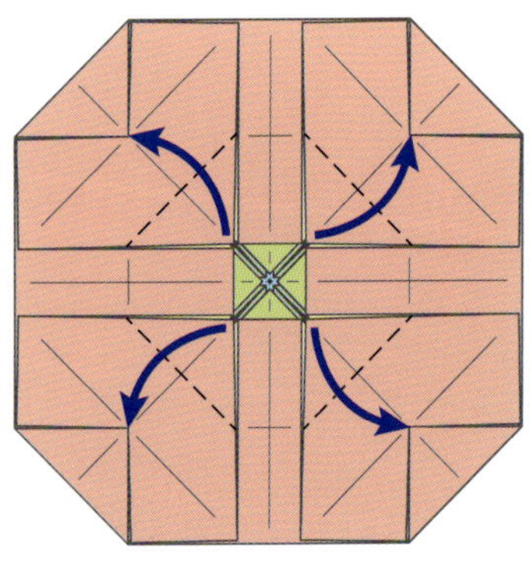

4 끝부분에 맞춰 접어요.

5 끝부분에 맞춰 접어요.

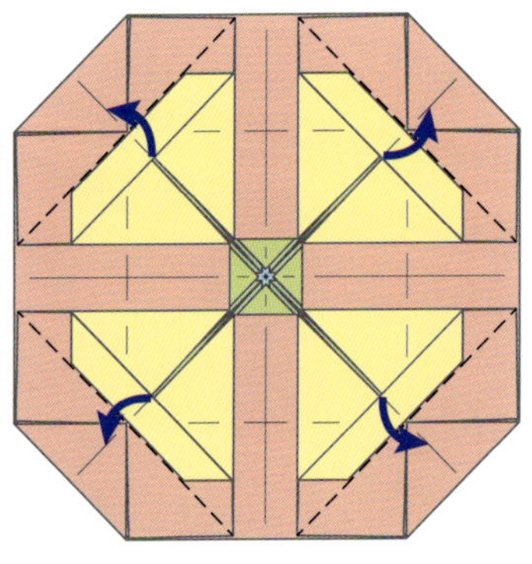

6 보조선을 따라 넘겨 접어요.

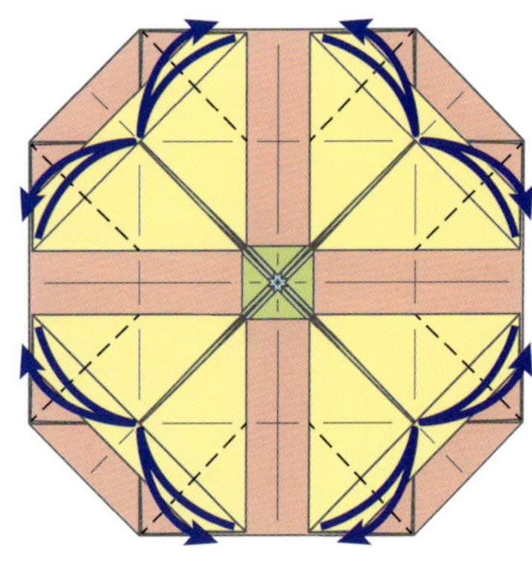

7 대각선에 맞춰 접었다 펴요.

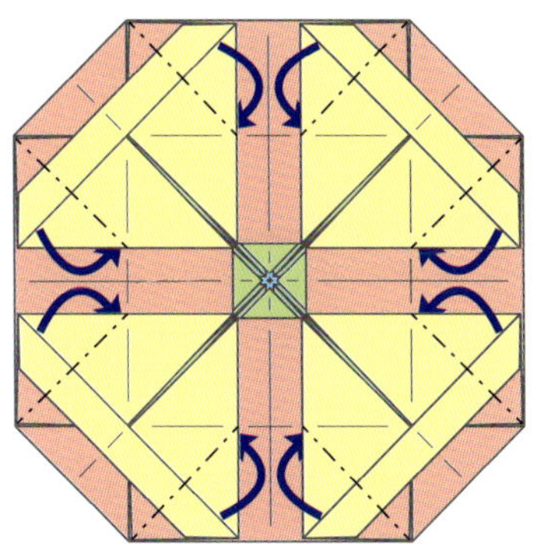

8 접었다 편 부분을 뒤쪽 틈으로
산 접기를 해요.

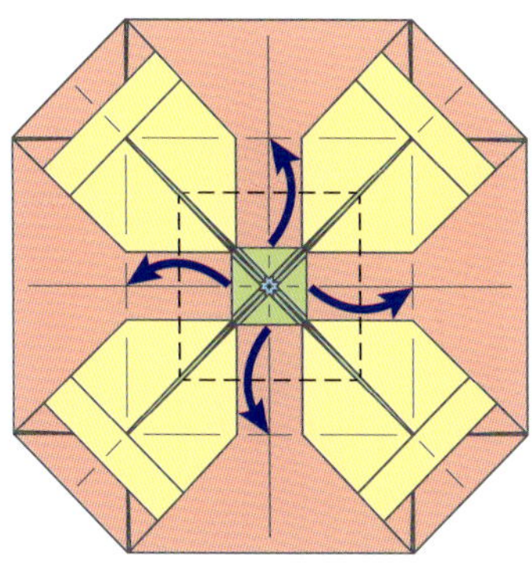

9 아머를 보조선에 맞춰 접어요.

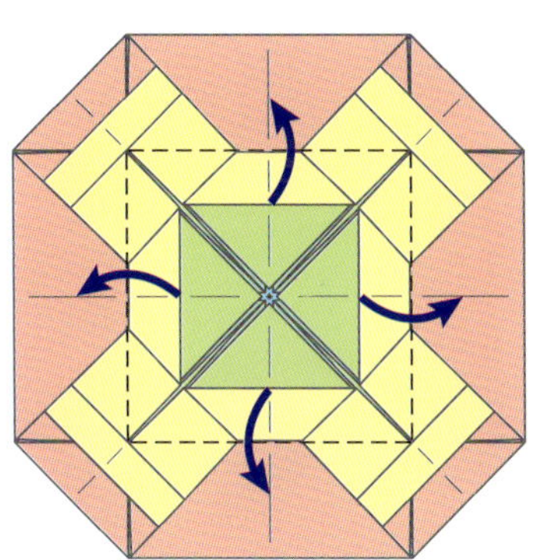

10 보조선을 따라 넘겨 접어요.

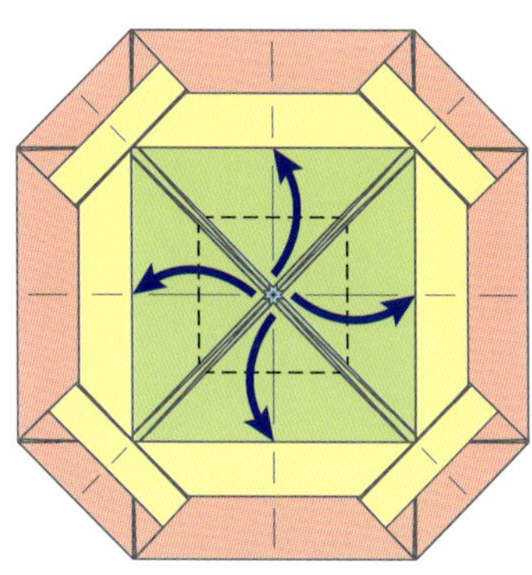

11 프레임 윗겹을 가장자리에
맞춰 접어요.

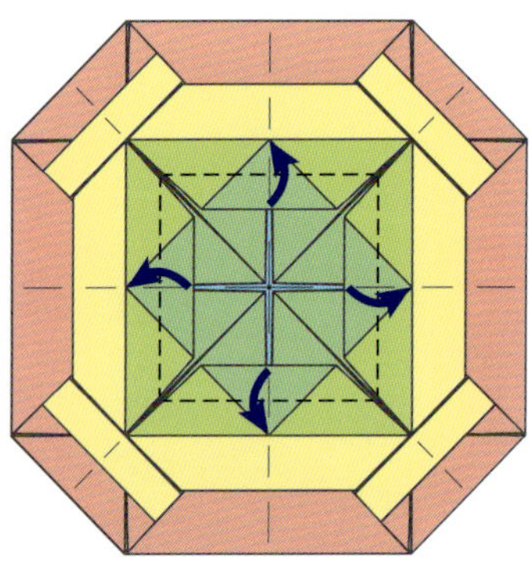

12 가장자리에 맞춰 접어요.

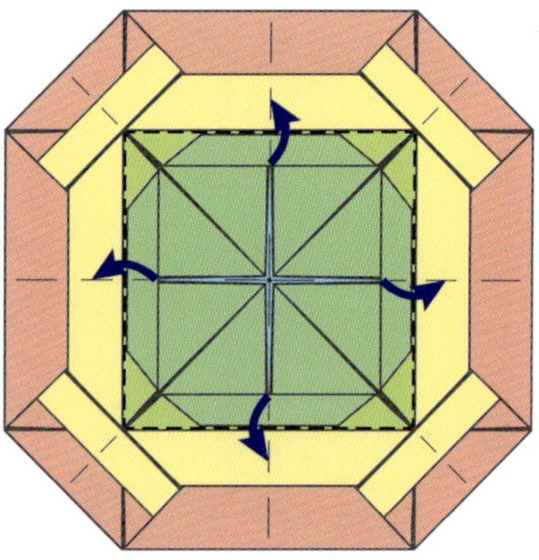

13 가장자리를 따라 접어요.

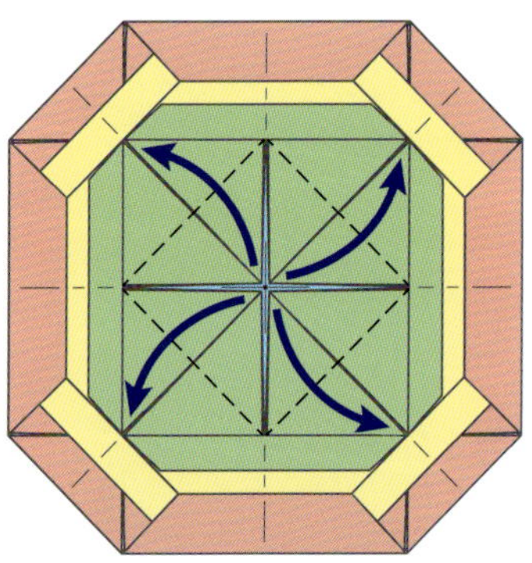

14 프레임 안쪽 겹을 밖으로 벌려 접어요.

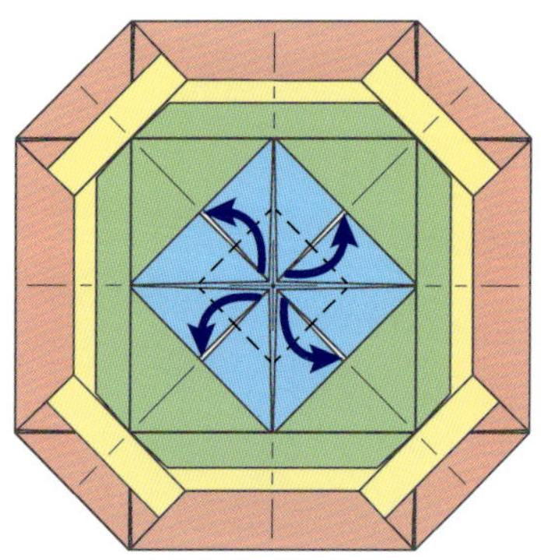

15 코어를 가장자리에 맞춰 접어요.

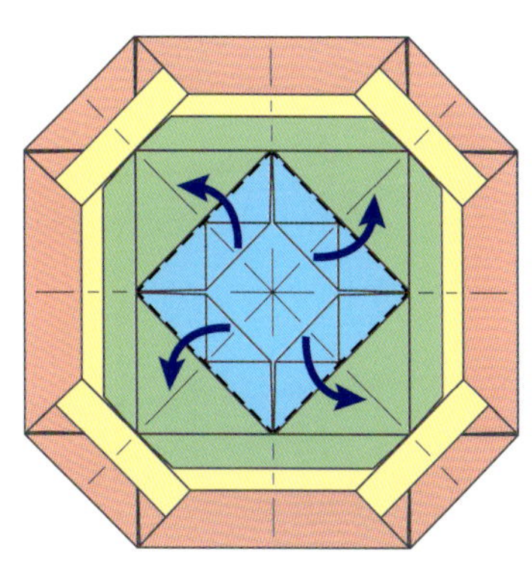

16

가장자리를 따라 밖으로
벌려 접어요.

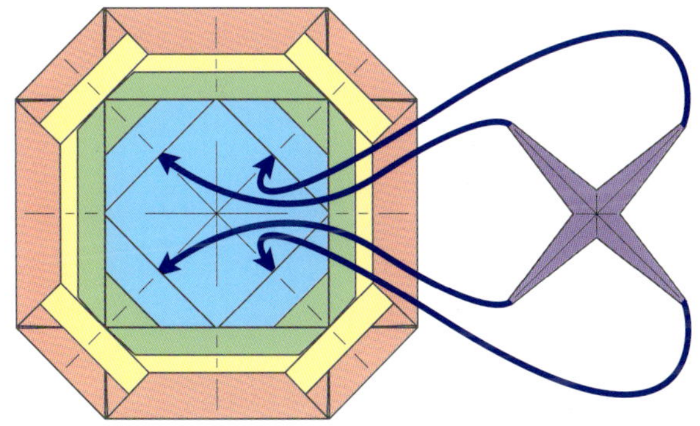

17 그립을 끼워 넣어요.

어떤 침범도 허락지 않는
은빛 천상의 요새,
차가운 절대의 장벽

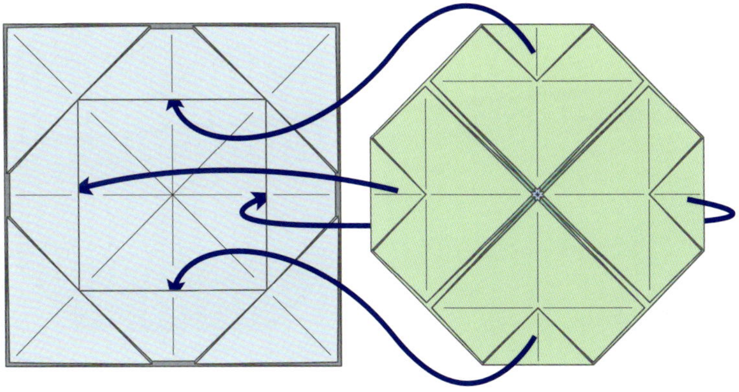

1 아머에 프레임드 코어를 끼워 넣어요.

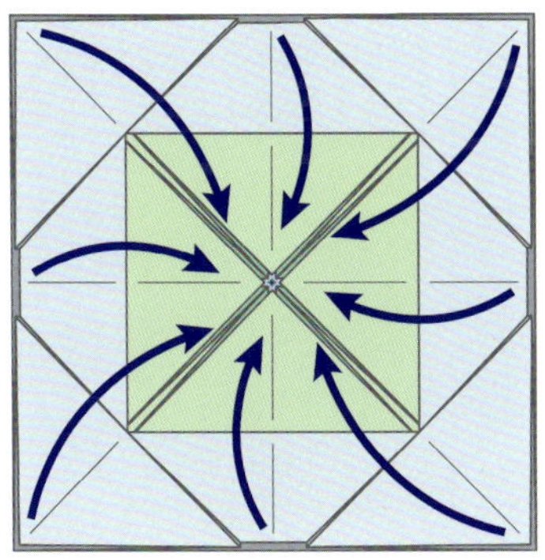

2 벌려 접었던 아머 부분을
모두 펴서 덮어요.

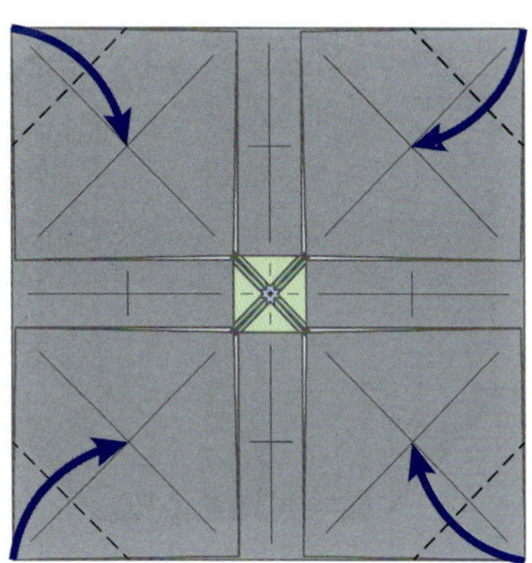

3 보조선이 교차하는 곳에
맞춰 접어요.

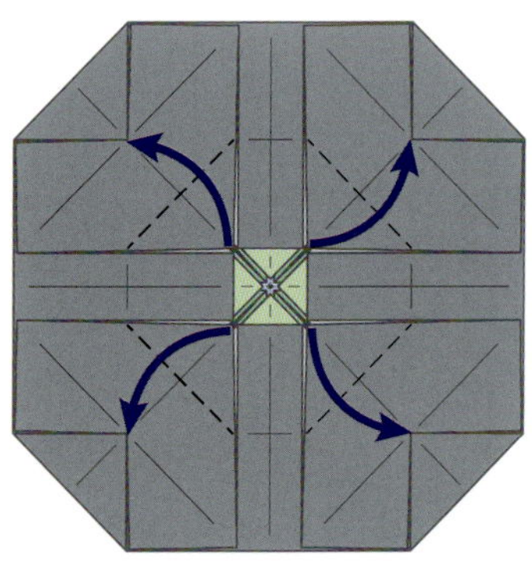

4 끝부분에 맞춰 접어요.

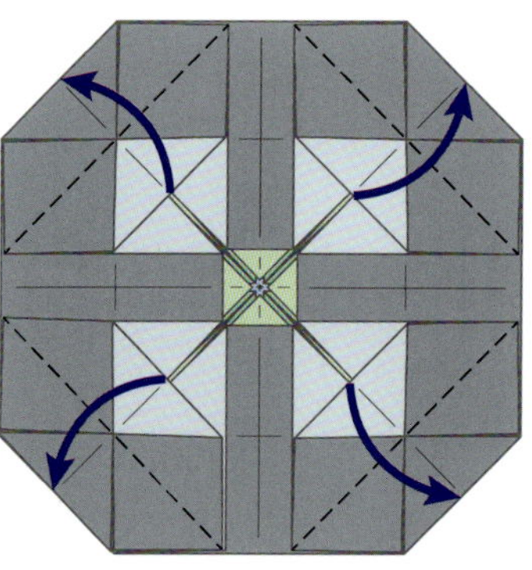

5 보조선을 따라 넘겨 접어요.

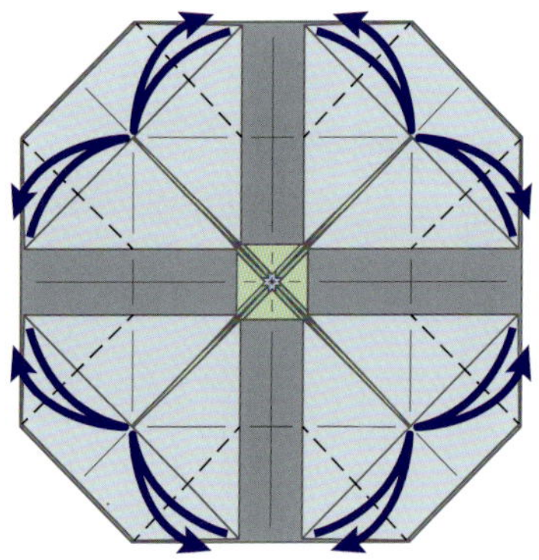

6 대각선에 맞춰 접었다 펴요.

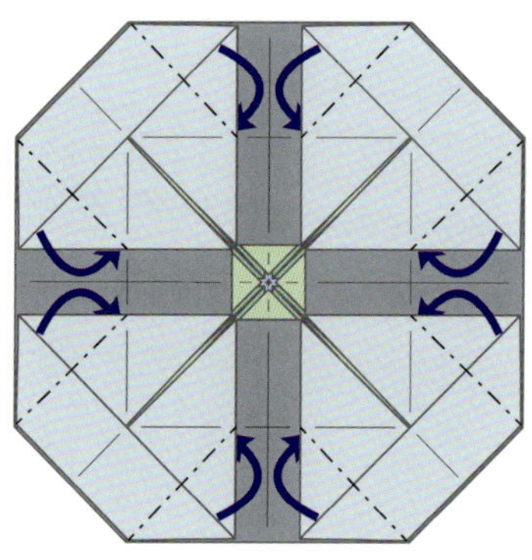

7 접었다 편 부분을 뒤쪽 틈으로
산 접기를 해요.

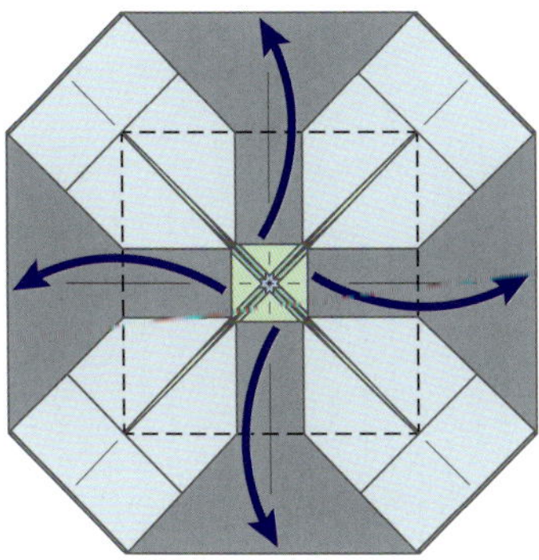

8 아머를 밖으로 벌려 접어요.

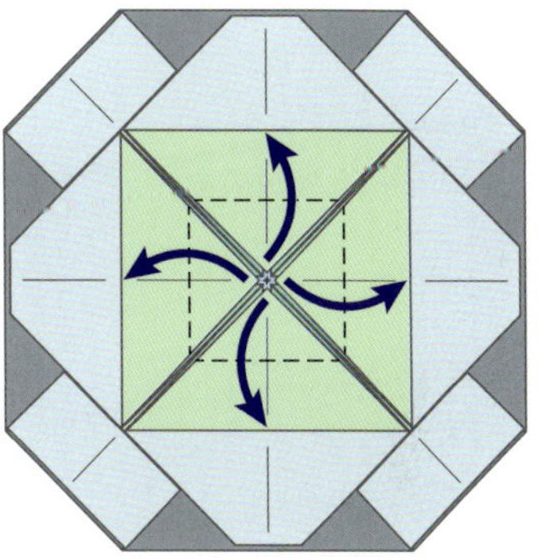

9 프레임 윗겹을 가장자리에
맞춰 접어요.

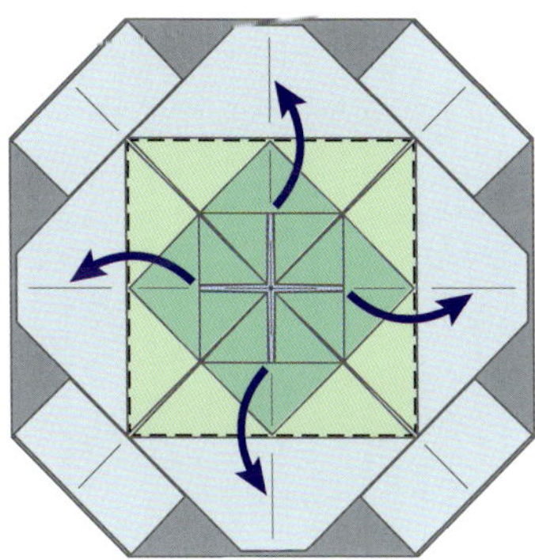

10 가장자리를 따라 밖으로
벌려 접어요.

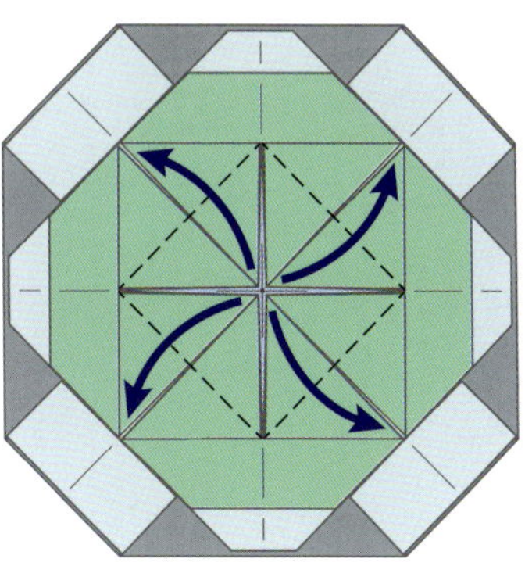

11 프레임 안쪽 겹을 밖으로
벌려 접어요.

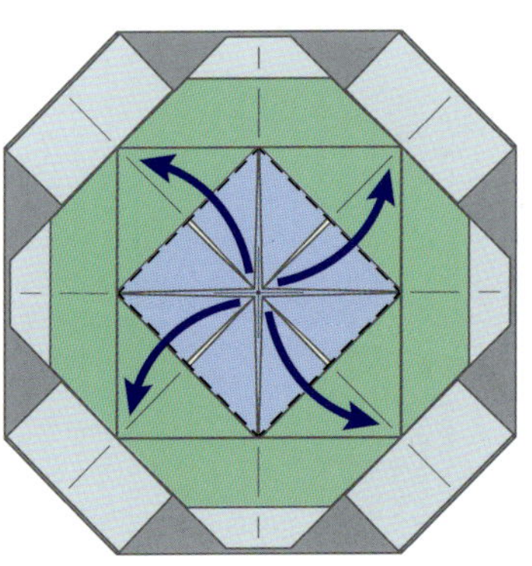

12

코어를 밖으로
벌려 접어요.

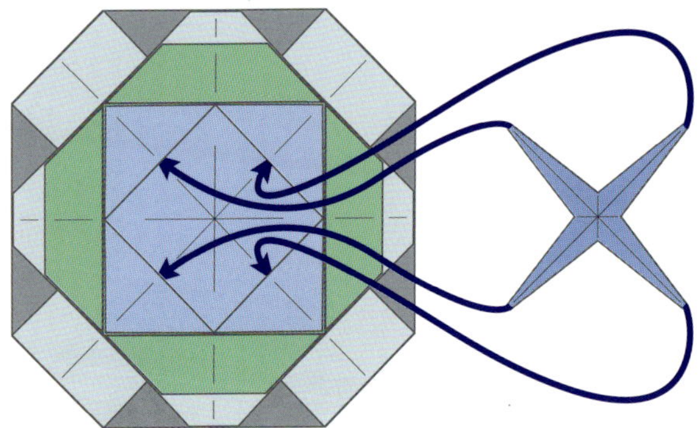

13 그립을 끼워 넣어요.

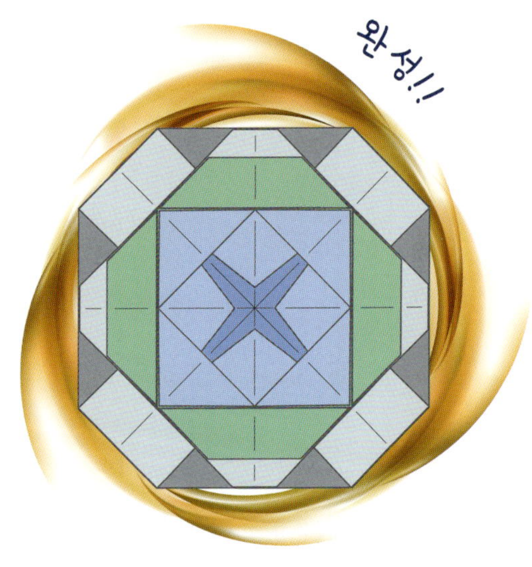

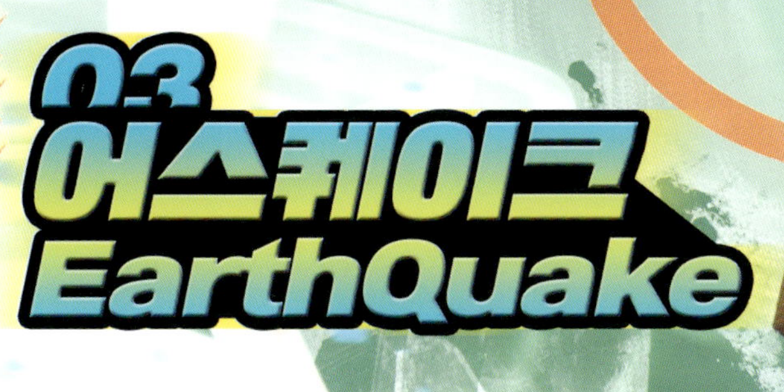

03 어스퀘이크
EarthQuake

뜨거운 용암을 품고
잠자는 대지를 밀어 올리는
지진처럼 묵직한 움직임

공격력 ★★★★☆
방어력 ★★★★★
지구력 ★★★☆☆
균형감 ★★★★★

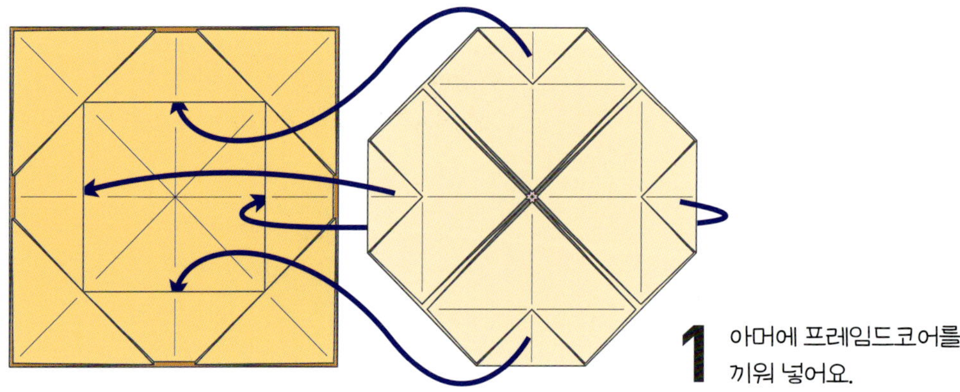

1 아머에 프레임드코어를
끼워 넣어요.

2 벌려 접었던 아머 부분을
모두 펴서 덮어요.

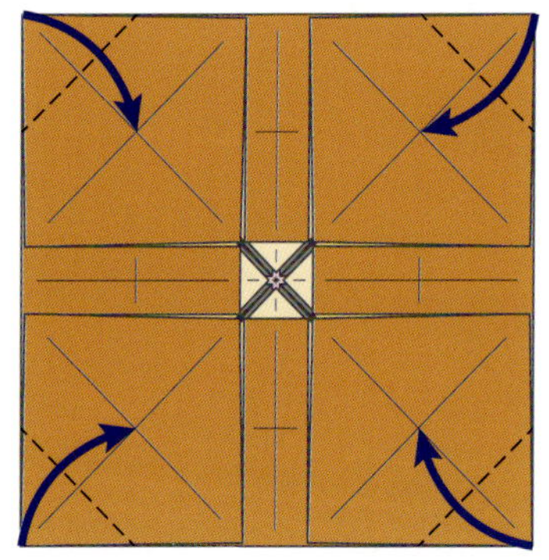

3 보조선이 교차하는 곳에
맞춰 접어요.

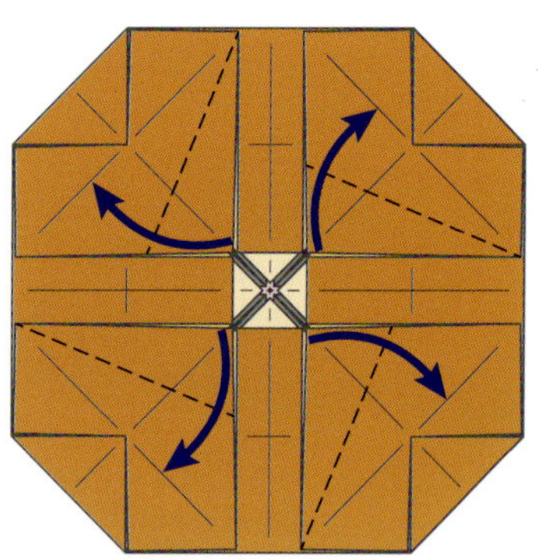

4 보조선에 맞춰 비스듬히 접어요.

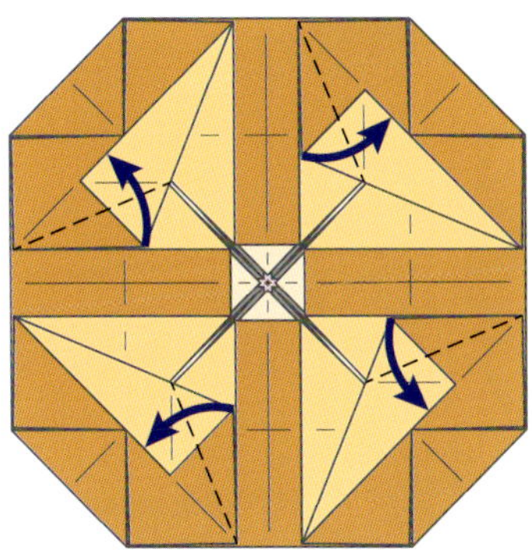

5 반대쪽도 마찬가지로 접어요.

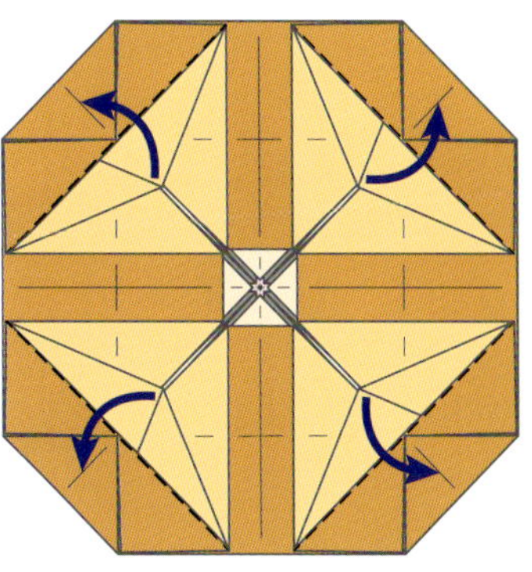

6 보조선을 따라 넘겨 접어요.

7 대각선에 맞춰 접었다 펴요.

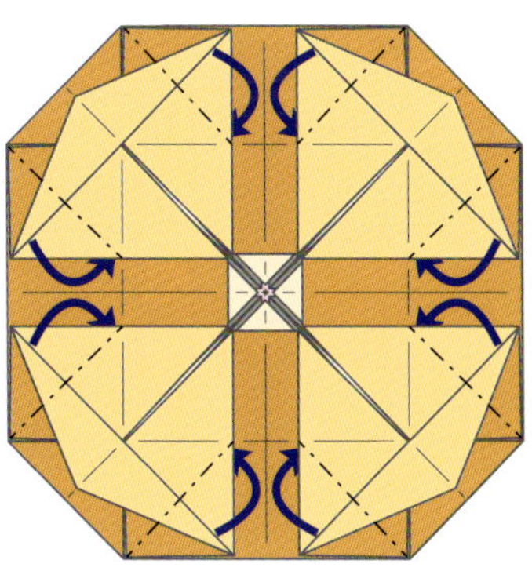

8 접었다 편 부분을 뒤쪽 틈으로 산 접기를 해요.

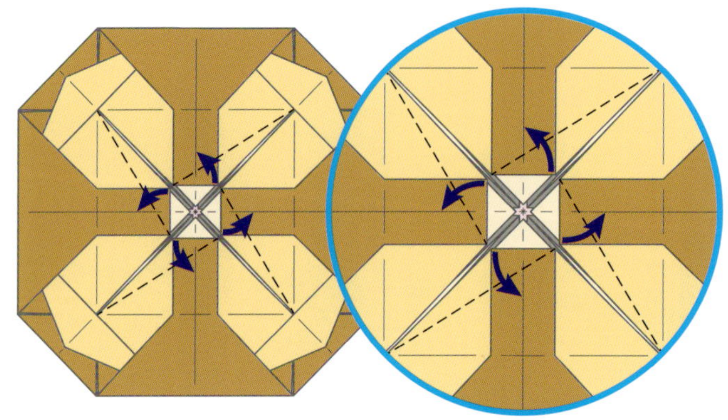

9

끝부분을 잇는 선을
따라 접어요.

10

가운데 보조선을 참조하여
반대쪽도 같은 각도로 접어요.

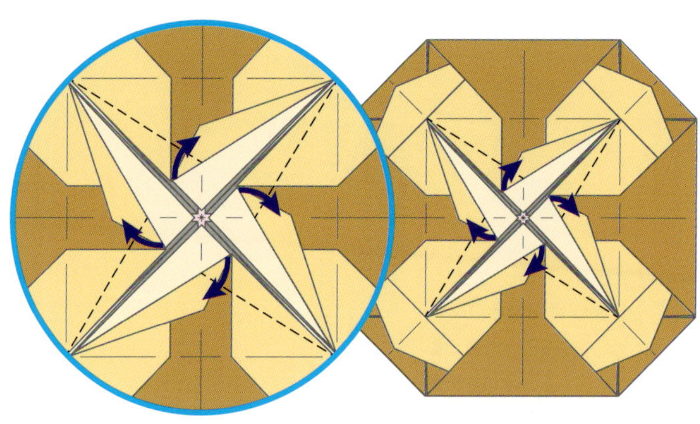

11 보조선을 따라 넘겨 접어요.

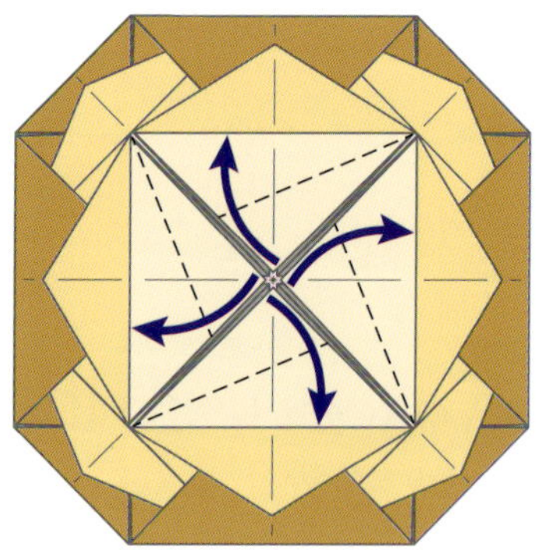

12 프레임 윗겹을 가장자리에
맞춰 비스듬히 접어요.

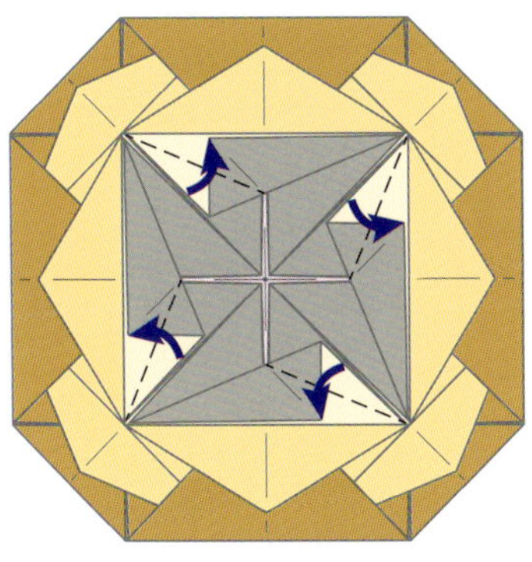

13 반대쪽도 마찬가지로 접어요.

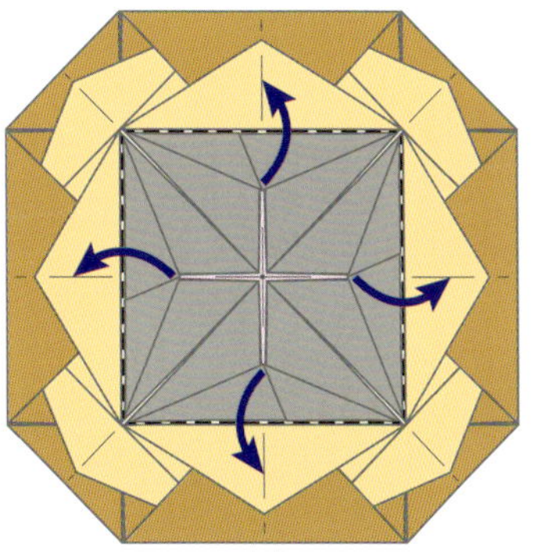

14 가장자리를 따라 밖으로 벌려 접어요.

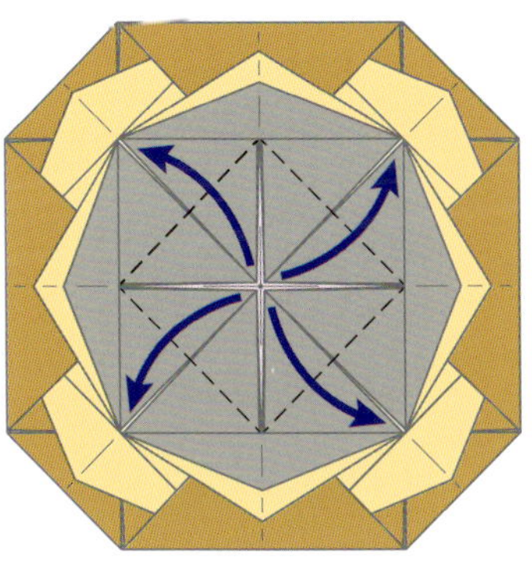

15 프레임 안쪽 겹을 밖으로 벌려 접어요.

16 코어를 가장자리에 맞춰 비스듬히 접어요.

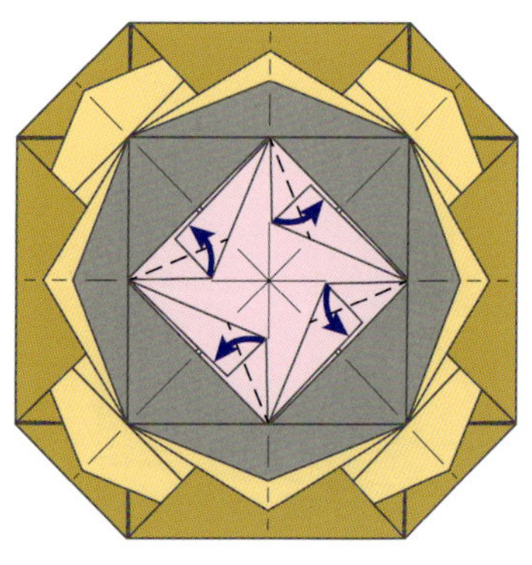

17 반대쪽도 마찬가지로 접어요.

18 가장자리를 따라 밖으로 벌려 접어요.

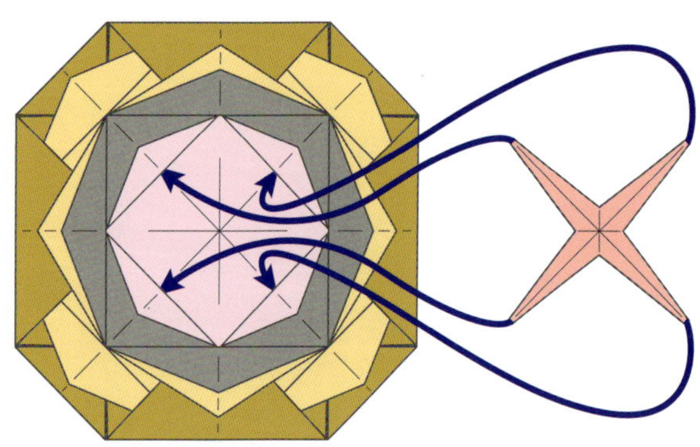

19 그립을 끼워 넣어요.

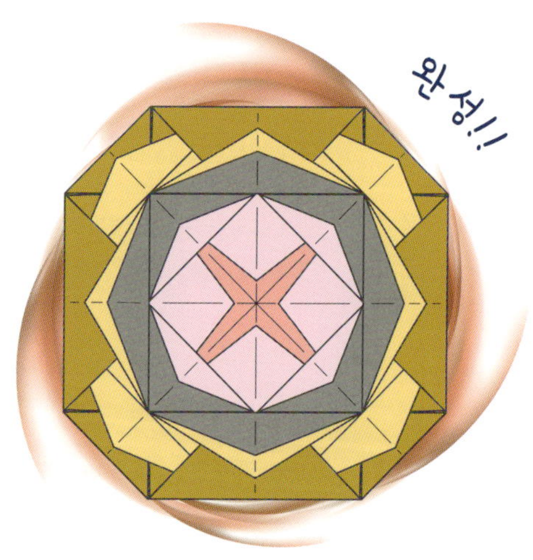

04 에덴 나이트
Eden Knight

세상이 초록을 잃어갈 때
끝내 에덴을 지키는
숭고한 마지막 수호자

공격력 ★★★★☆
방어력 ★★★★★
지구력 ★★☆☆☆
균형감 ★★★★★

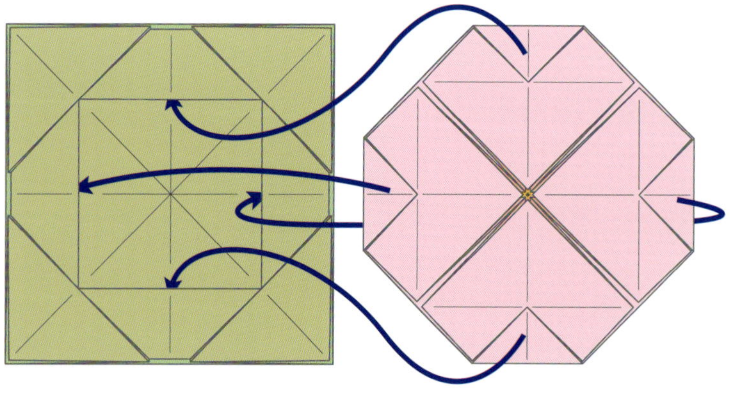

1 아머에 프레임드코어를 끼워 넣어요.

2 벌려 접었던 아머 부분을
모두 펴서 덮어요.

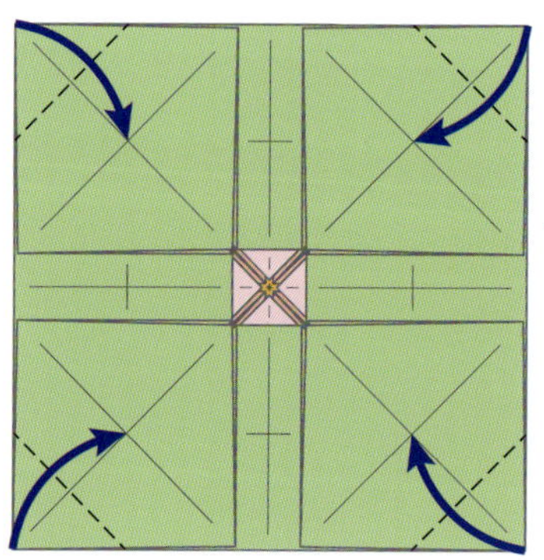

3 보조선이 교차하는 곳에
맞춰 접어요.

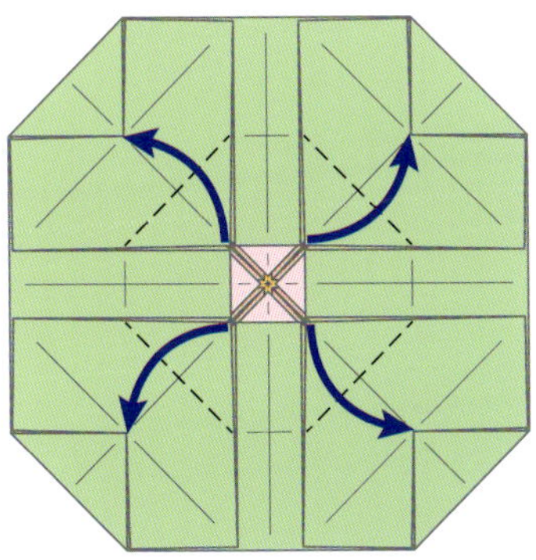

4 끝부분에 맞춰 접어요.

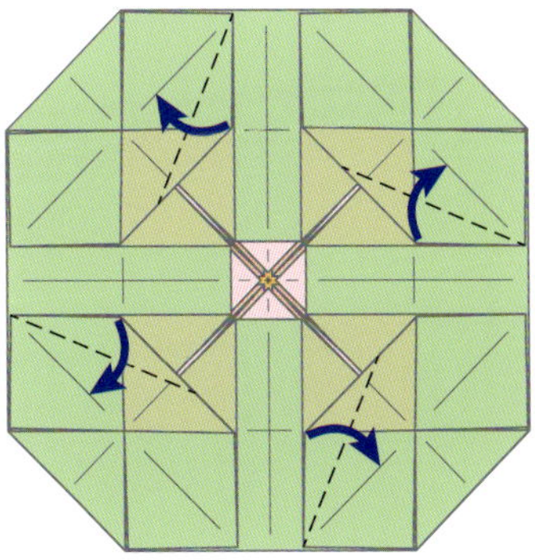

5 보조선에 맞춰 비스듬히 접어요.

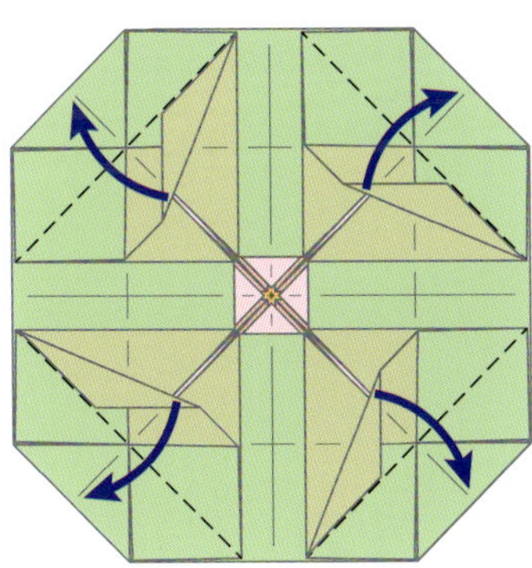

6 보조선을 따라 넘겨 접어요.

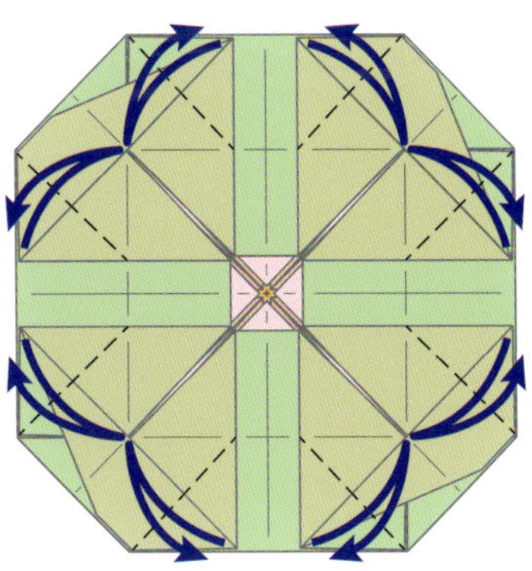

7 대각선에 맞춰 접었다 펴요.

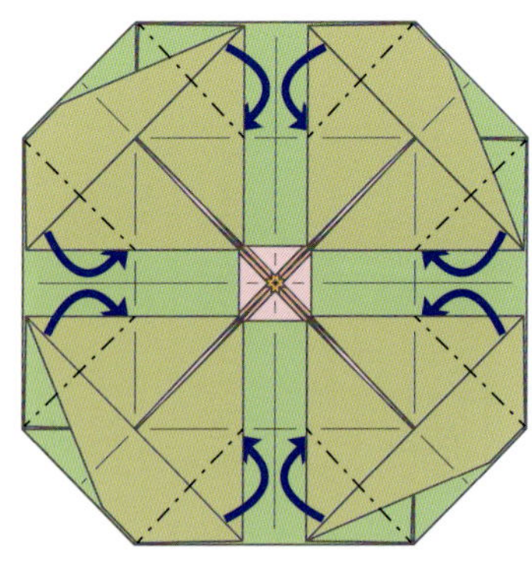

8

접었다 편 부분을 뒤쪽 틈으로
산 접기를 해요.

9

끝부분을 잇는 선을
따라 접어요.

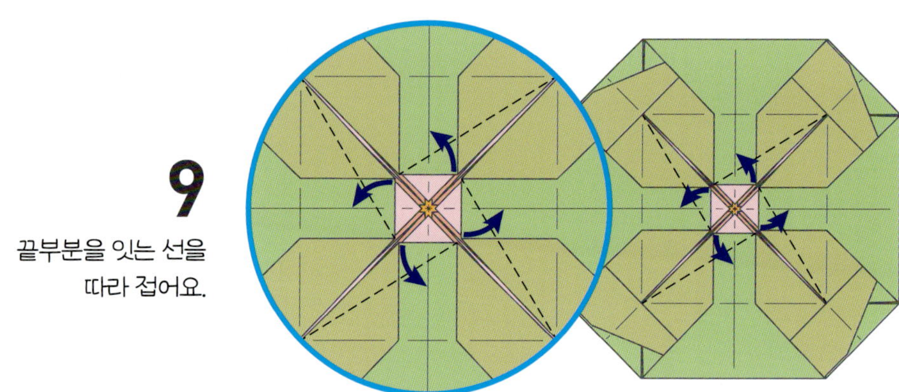

10

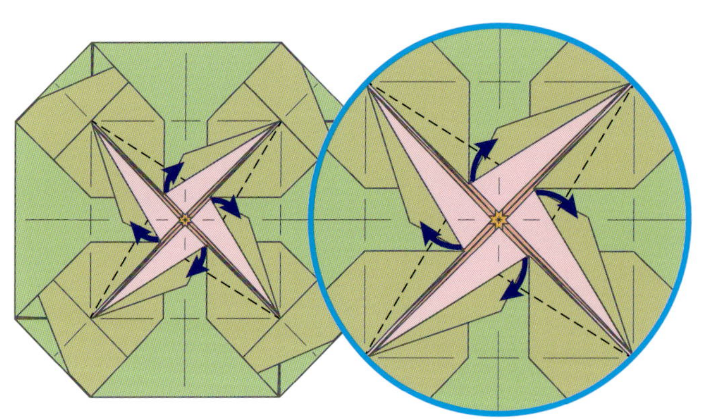

가운데 보조선을 참조하여
반대쪽도 같은 각도로 접어요.

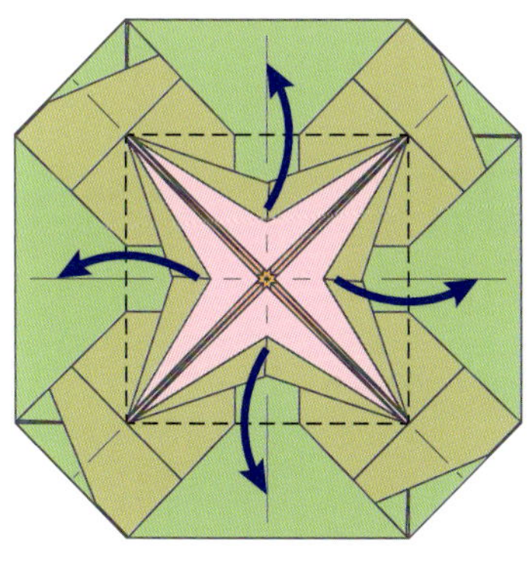

11 보조선을 따라 넘겨 접어요.

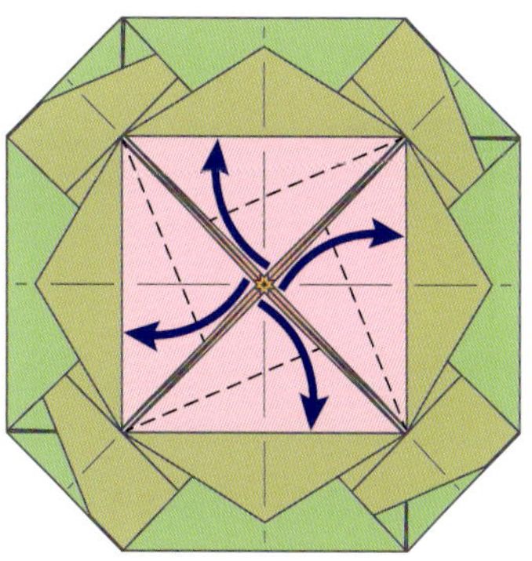

12 프레임 윗겹을 가장자리에 맞춰 비스듬히 접어요.

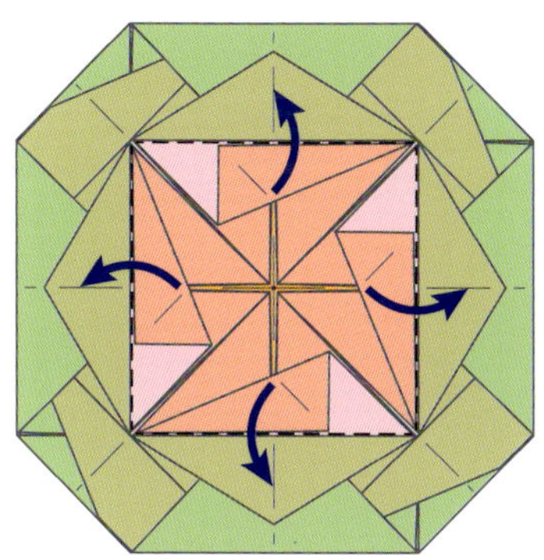

13 가장자리를 따라 밖으로 벌려 접어요.

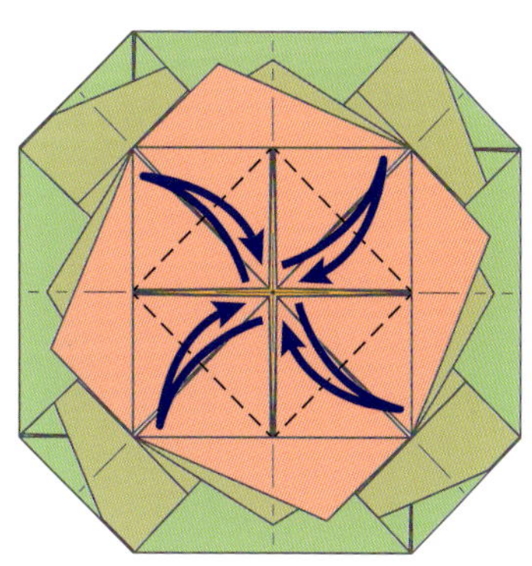

14 프레임 안쪽 겹을 밖으로 벌려 접었다 펴요.

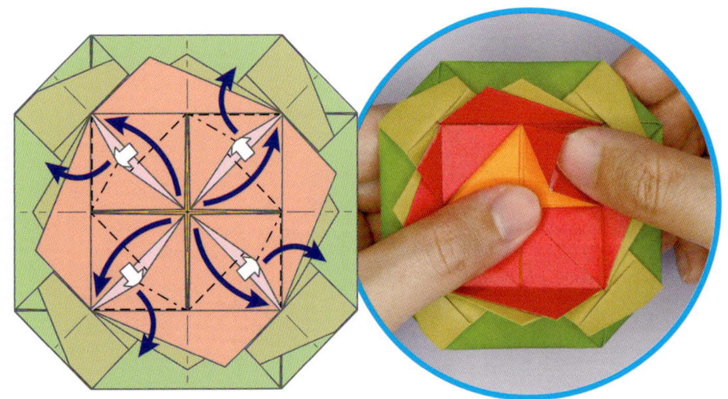

15 안쪽 틈을 벌리며 눌러 접어요.

16 코어를 밖으로
벌려 접어요.

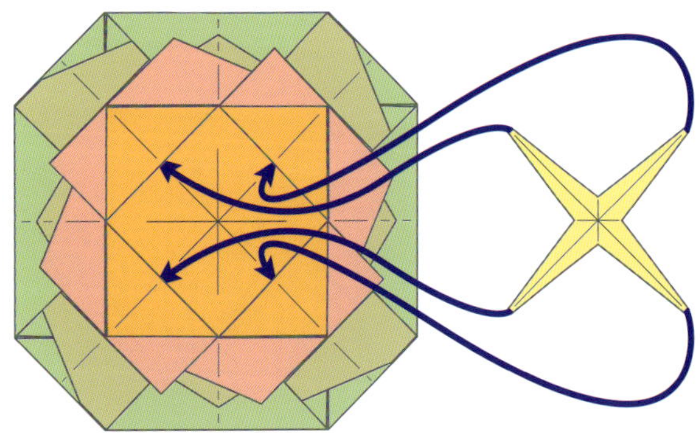

17 그립을 끼워 넣어요.

05 라이트닝 에테르
Lightning Ether

날카로운 섬광을 따라
시공을 관통하며
전율로 흐르는 신비

공격력 ★★★☆☆
방어력 ★★★★★
지구력 ★★★☆☆
균형감 ★★★★★

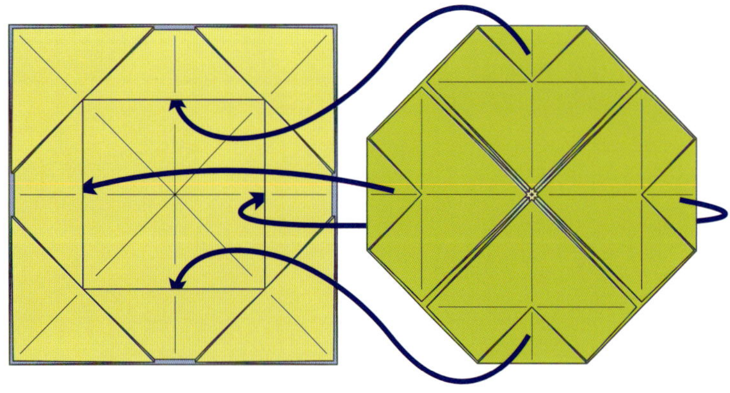

1 아머에 프레임드 코어를 끼워 넣어요.

2 벌려 접었던 아머 부분을
모두 펴서 덮어요.

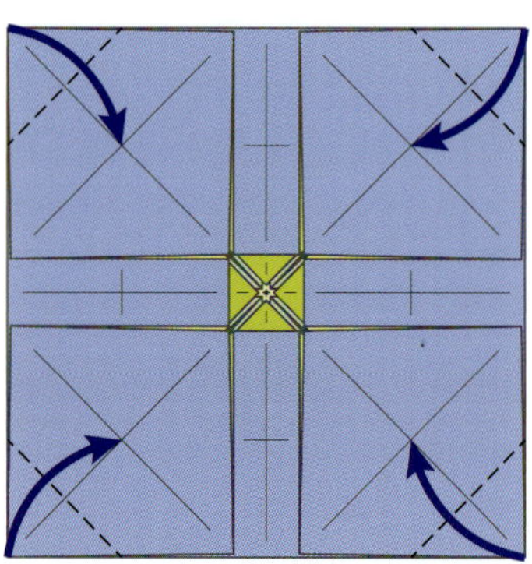

3 보조선이 교차하는 곳에
맞춰 접어요.

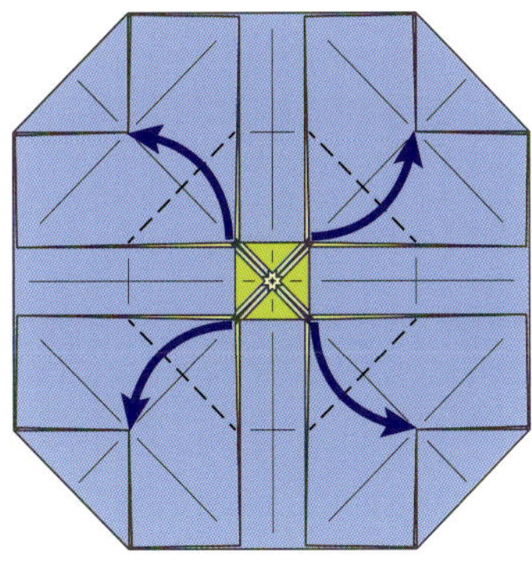

4 끝부분에 맞춰 접어요.

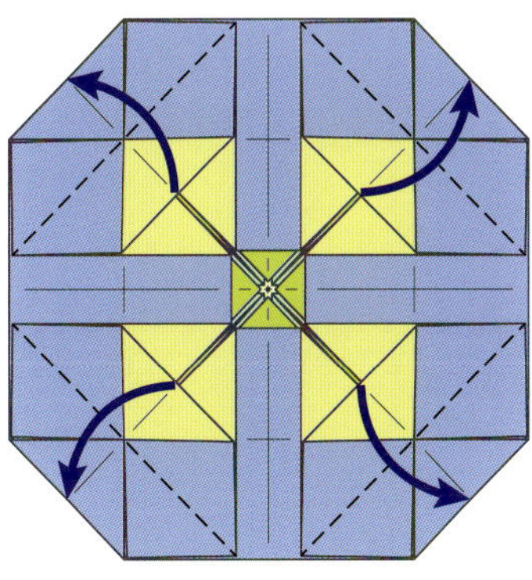

5 보조선을 따라 넘겨 접어요.

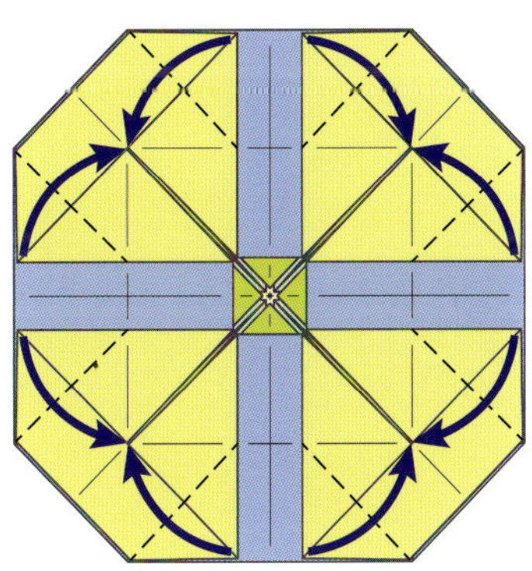

6 대각선에 맞춰 접어요.

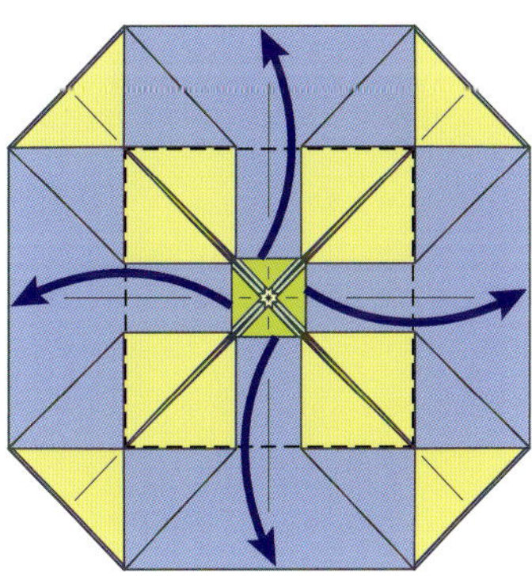

7 보조선을 따라 넘겨 접어요.

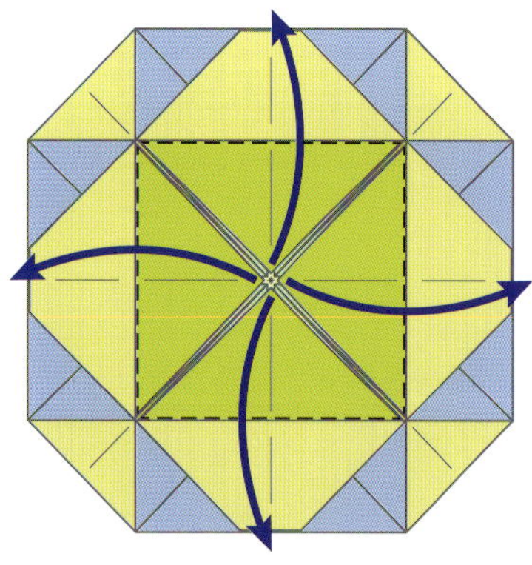

8 프레임 윗겹을 가장자리를
따라 밖으로 벌려 접어요.

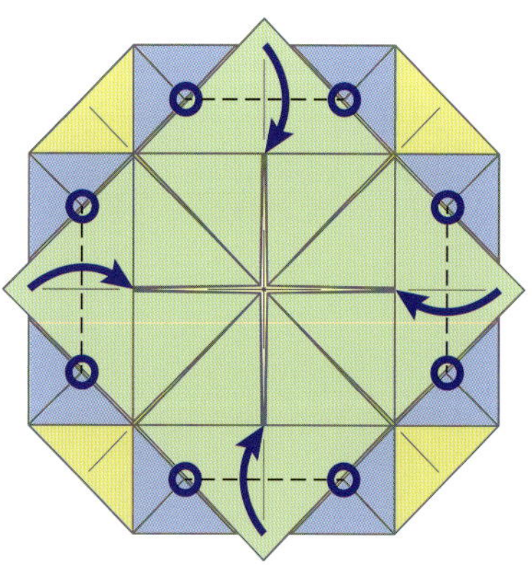

9 ○를 기준으로 아머와 프레임 윗겹을
한꺼번에 안쪽으로 접어요.

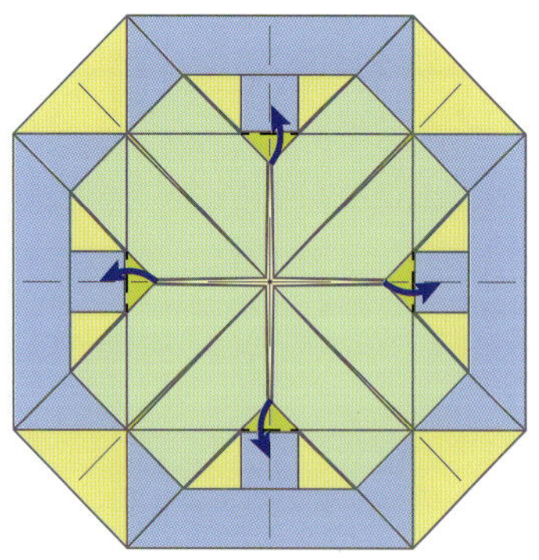

10 뾰족한 부분을 접어요.

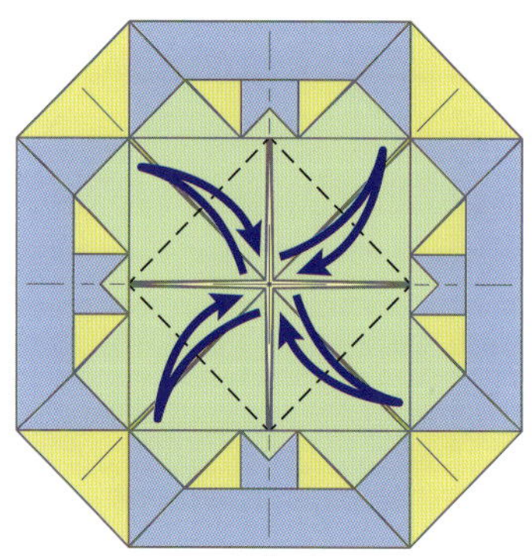

11 프레임 안쪽 겹을 밖으로 벌려
접었다 펴요.

12 안쪽 틈을 벌리며 눌러 접어요.

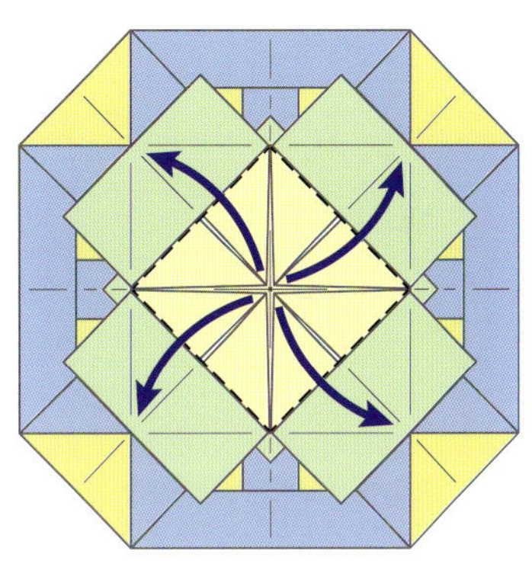

13 코어를 밖으로
벌려 접어요.

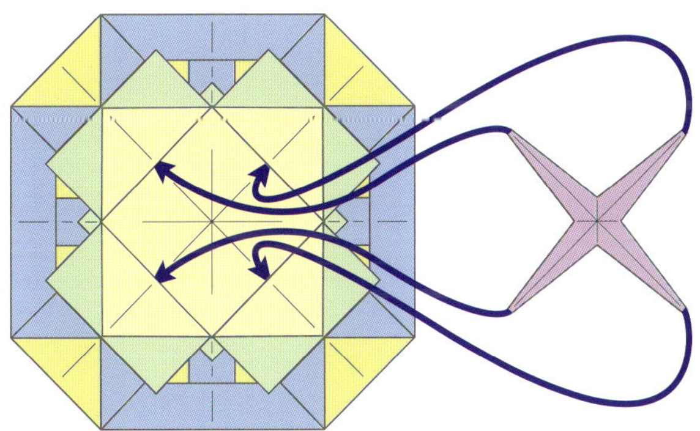

14 그립을 끼워 넣어요.

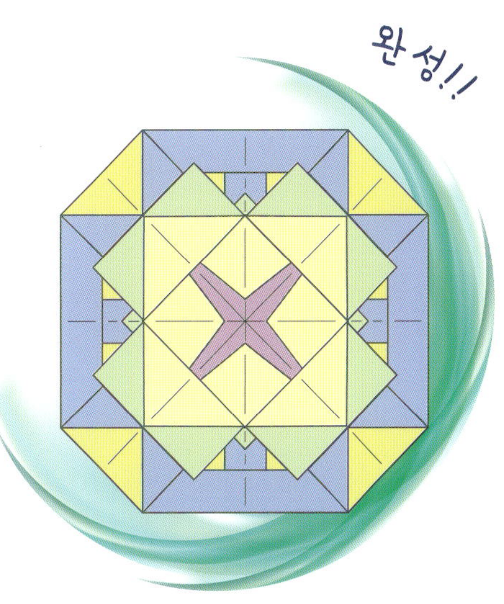

PART 3
스레디너형

오케아노스

아즈텍 피닉스

블레이징 노바

샤이닝 레이

코랄 웨이브

오케아노스
Oceanos

끝없이 밀려드는 파도,
깊은 심연 속에서도
생명의 근원을 일깨우다

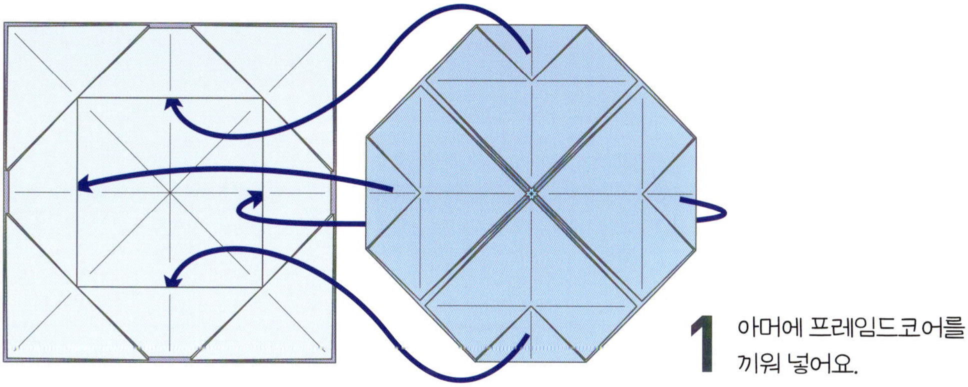

1 아머에 프레임드코어를 끼워 넣어요.

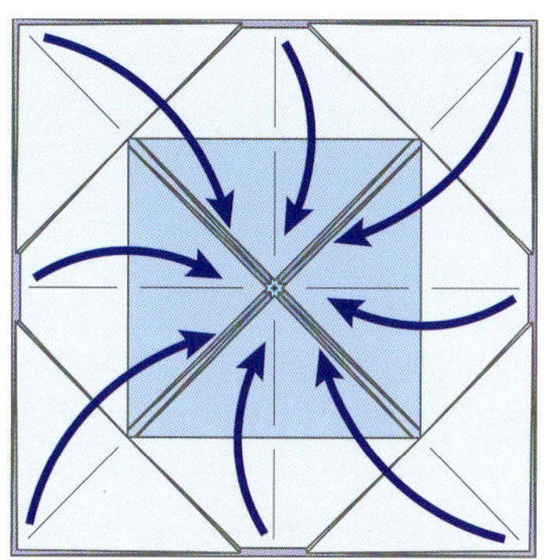

2 벌려 접었던 아머 부분을 모두 펴서 덮어요.

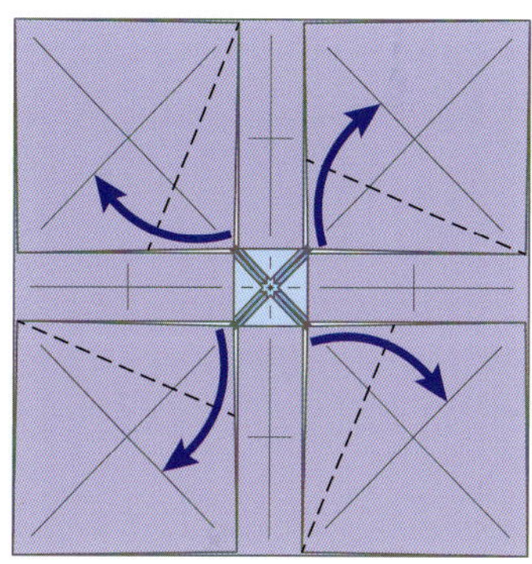

3 보조선에 맞춰 비스듬히 접어요.

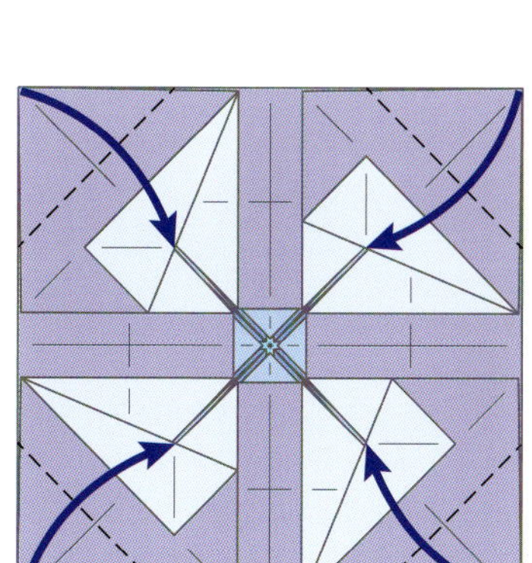

4 보조선 끝에 맞춰 접어요.

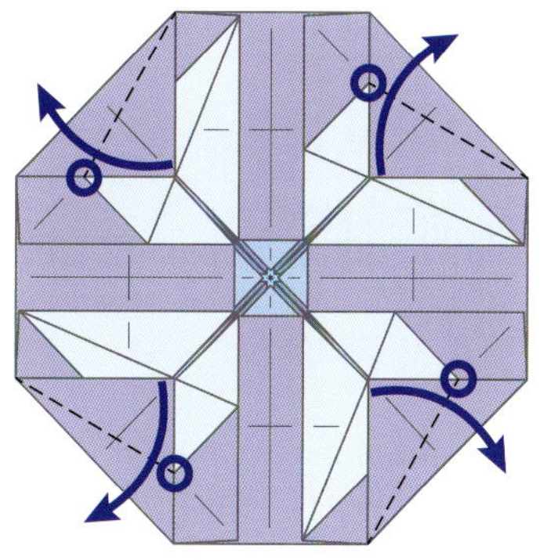

5 ○를 기준으로 밖으로 비스듬히 벌려 접어요.

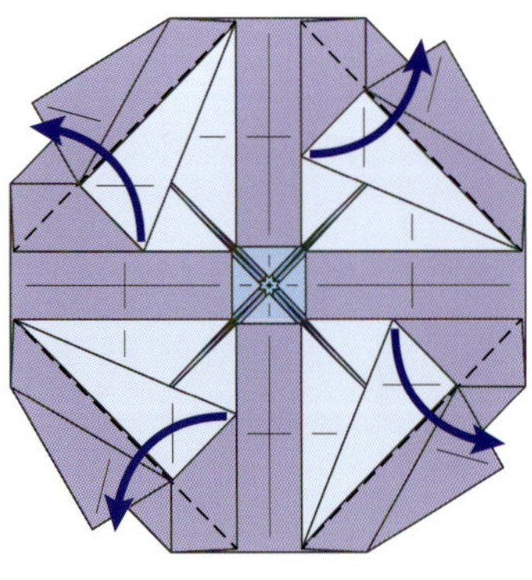

6 보조선을 따라 넘겨 접어요.

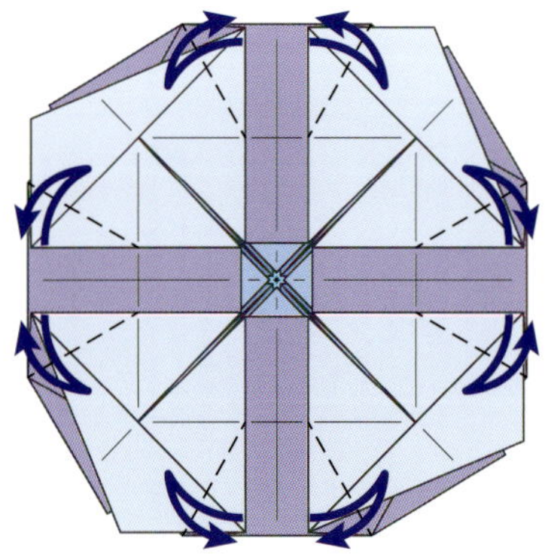

7 보조선 끝을 기준으로 접었다 펴요.

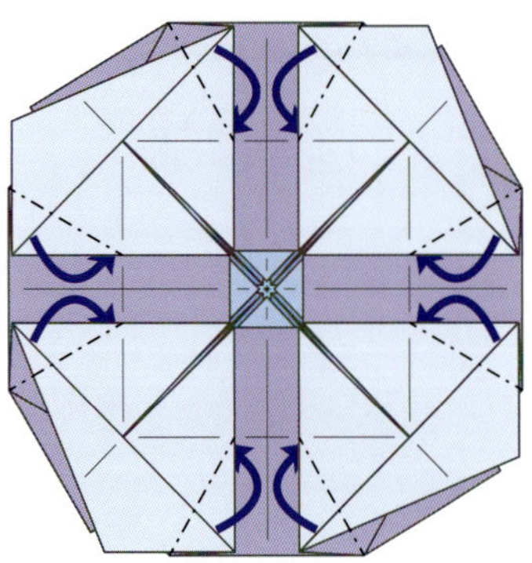

8 접었다 편 부분을 뒤쪽 틈으로 산 접기를 해요.

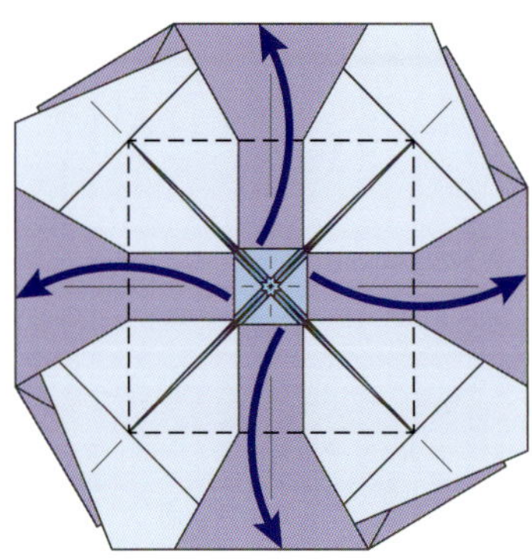

9 보조선을 따라 넘겨 접어요.

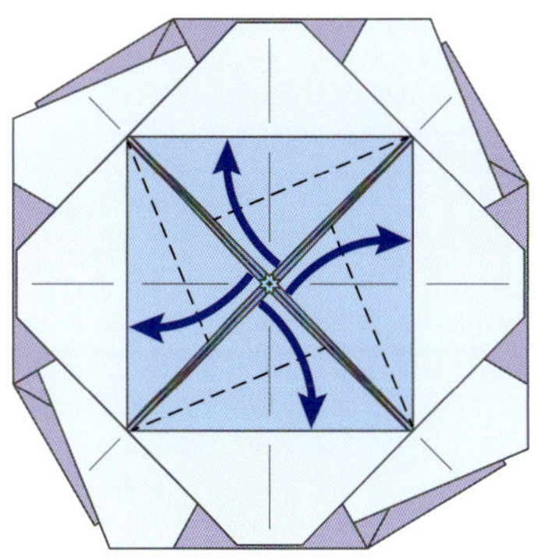

10 프레임 윗겹을 가장자리에 맞춰
비스듬히 접어요.

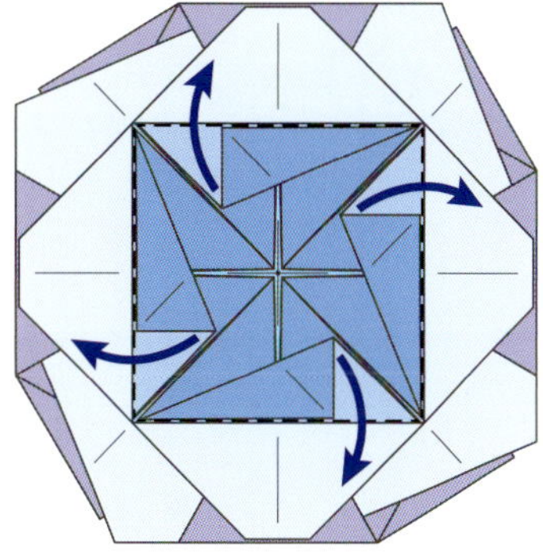

11 가장자리를 따라 밖으로
벌려 접어요.

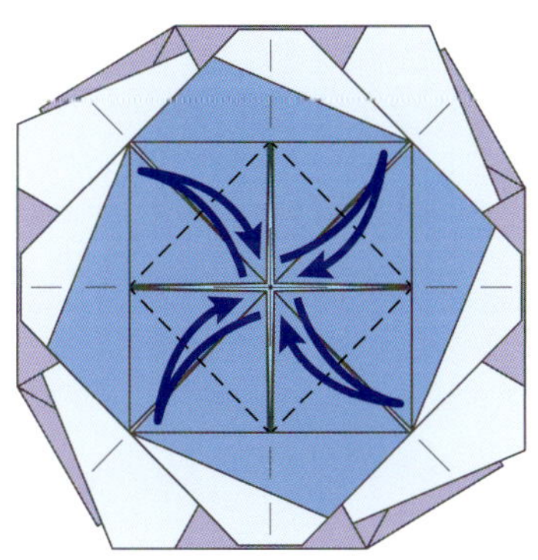

12 프레임 안쪽 겹을 밖으로 벌려
접었다 펴요.

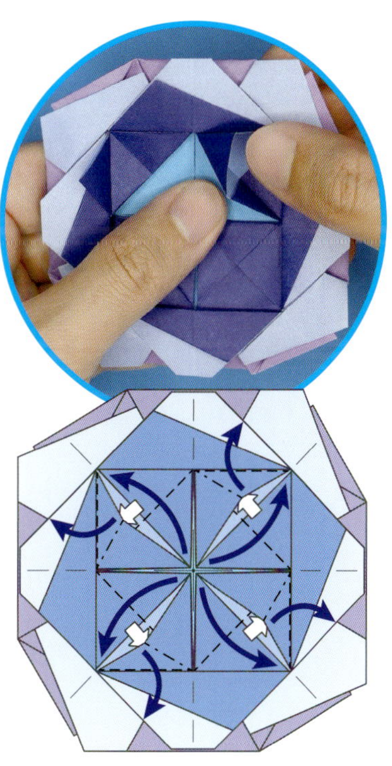

13 안쪽 틈을 벌리며 눌러 접어요.

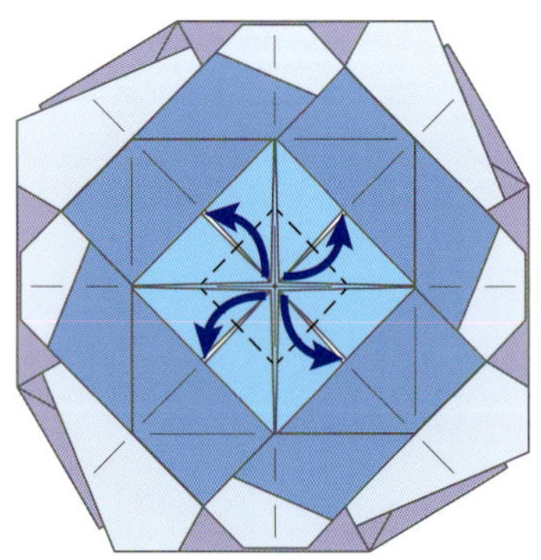

14 코어를 가장자리에 맞춰 접어요.

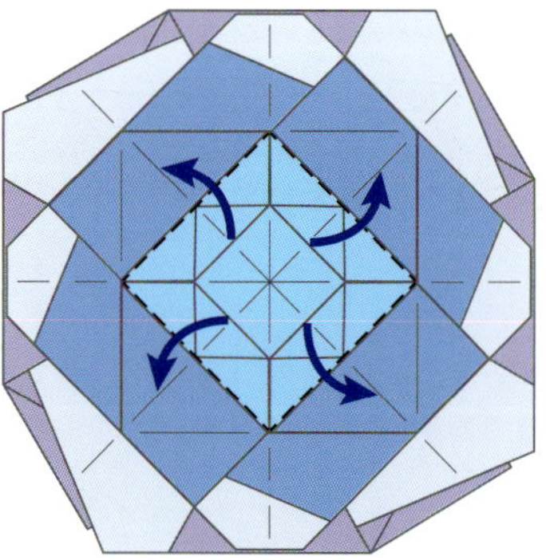

15 가장자리를 따라 밖으로 벌려 접어요.

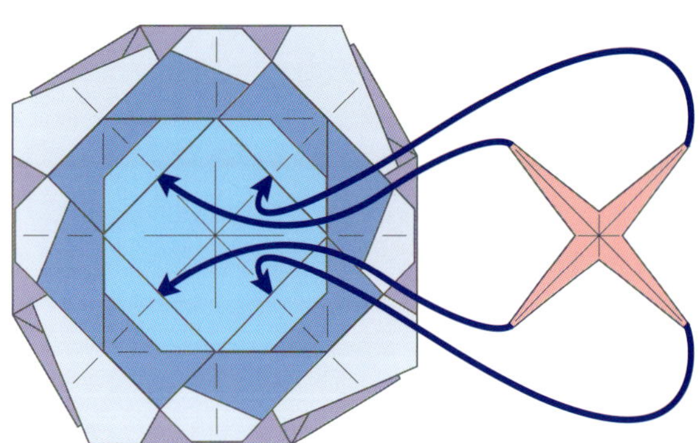

16 그립을 끼워 넣어요.

02 아즈텍 피닉스
Aztec Phoenix

잿더미를 딛고 날아오른
불사조의 날갯짓처럼
되살아나는 불멸의 불꽃

공격력 ★★★★☆☆
방어력 ★★★★★☆
지구력 ★★★★★★
균형감 ★★★★★☆

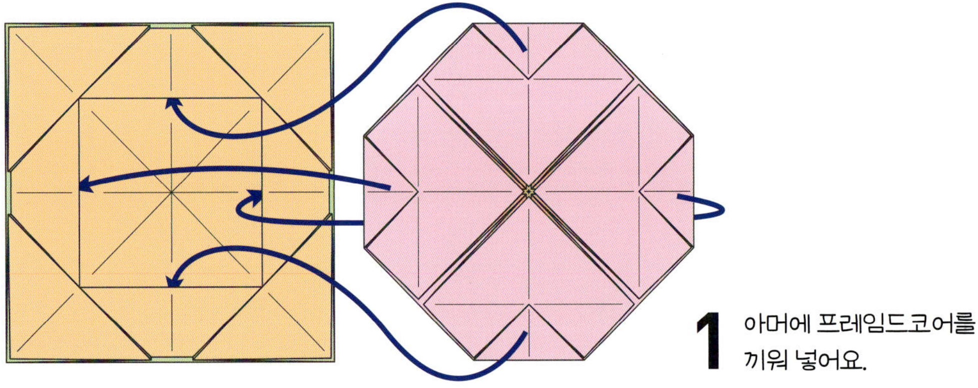

1 아머에 프레임드코어를
끼워 넣어요.

2 벌려 접었던 아머 부분을
모두 펴서 덮어요.

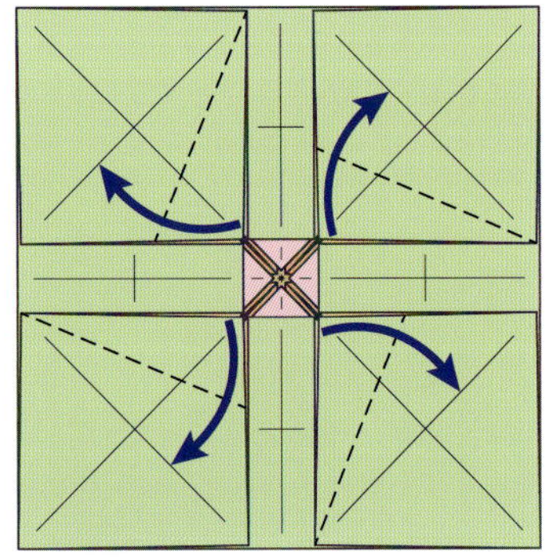

3 보조선에 맞춰 비스듬히
접어요.

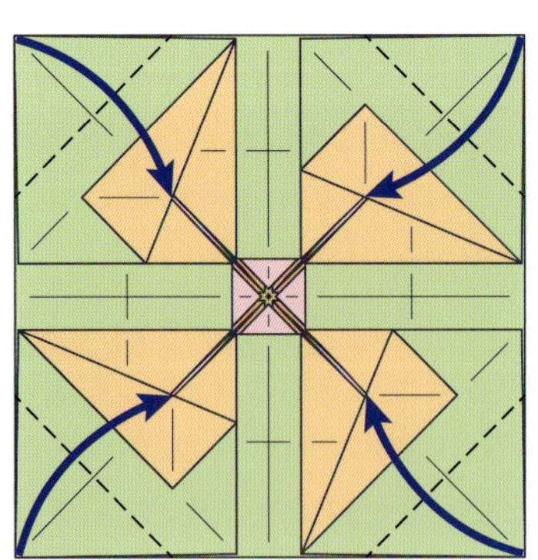

4 보조선 끝에 맞춰 접어요.

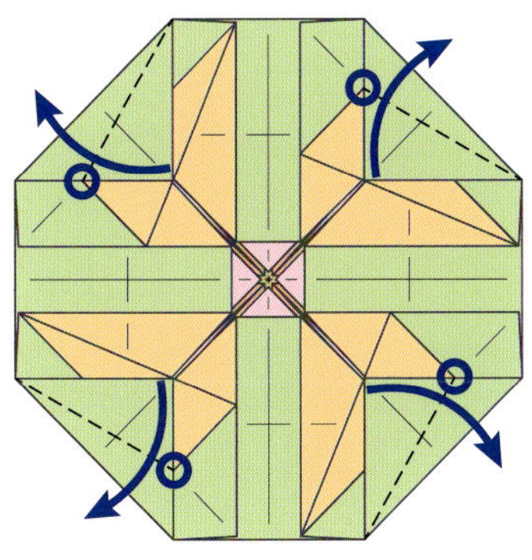

5 ○를 기준으로 밖으로 비스듬히 벌려 접어요.

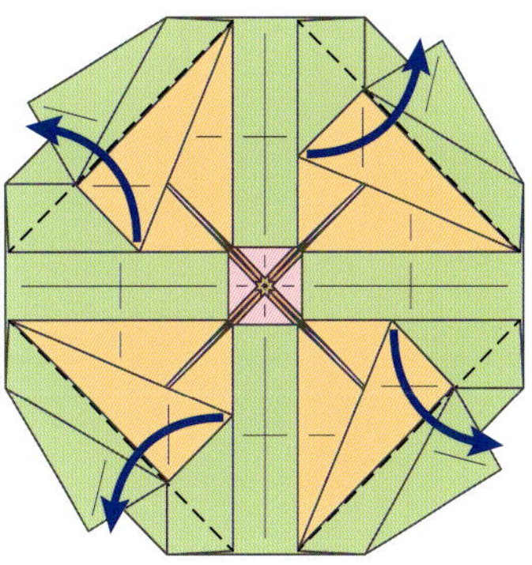

6 보조선을 따라 넘겨 접어요.

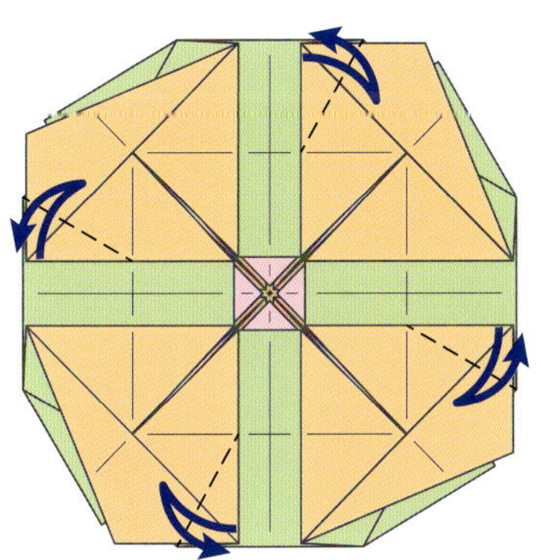

7 보조선 끝을 기준으로 접었다 펴요.

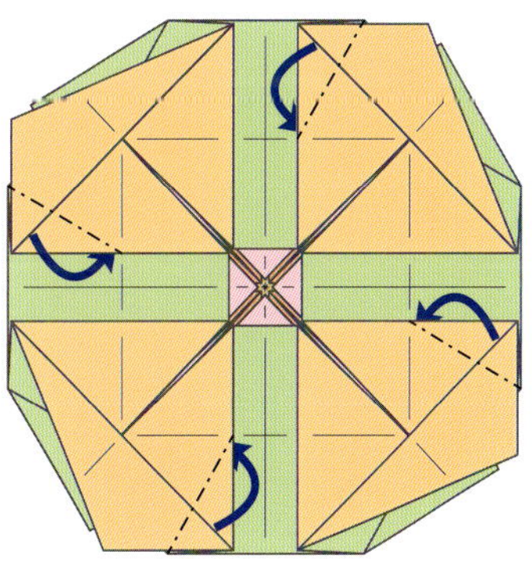

8 접었다 편 부분을 뒤쪽 틈으로 산 접기를 해요.

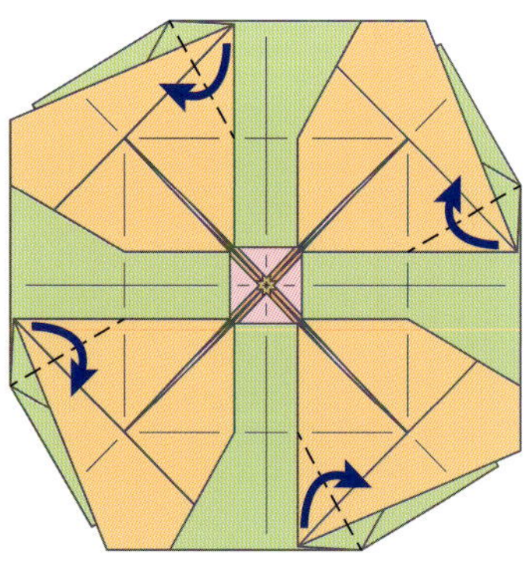

9 보조선 끝을 기준으로 접어요.

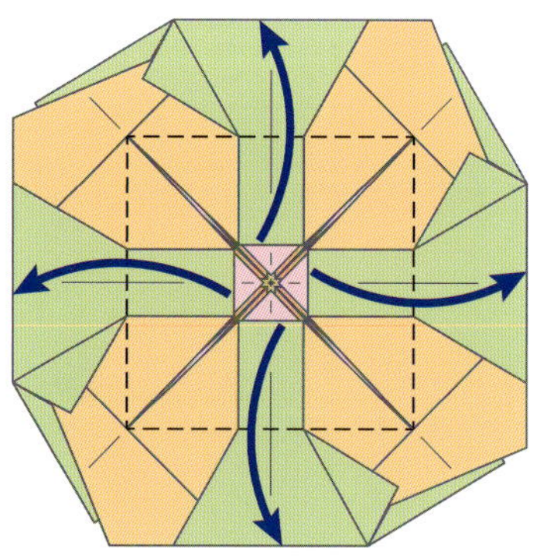

10 보조선을 따라 넘겨 접어요.

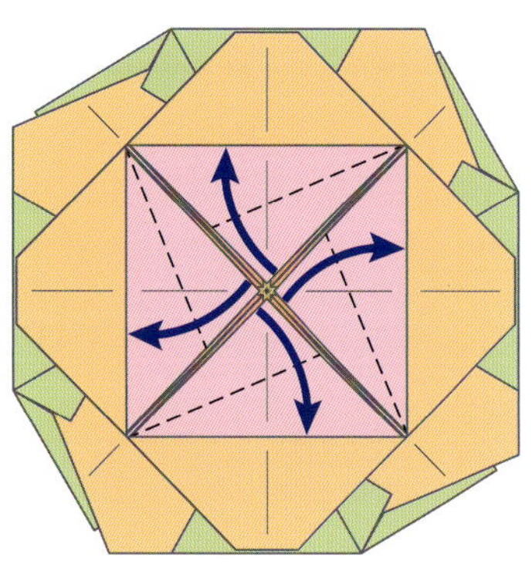

11 프레임 윗겹을 가장자리에 맞춰
비스듬히 접어요.

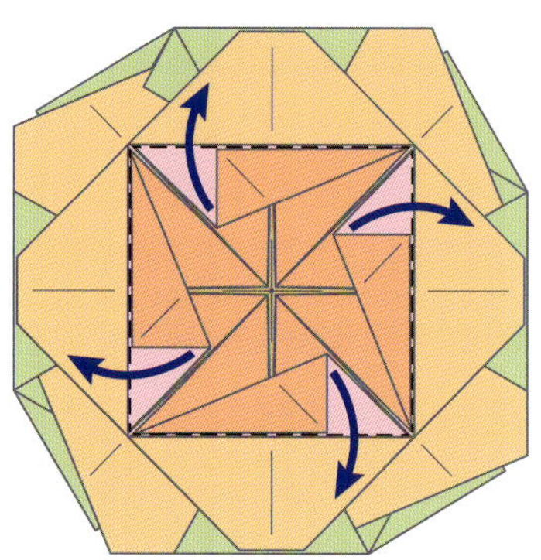

12 가장자리를 따라 밖으로
벌려 접어요.

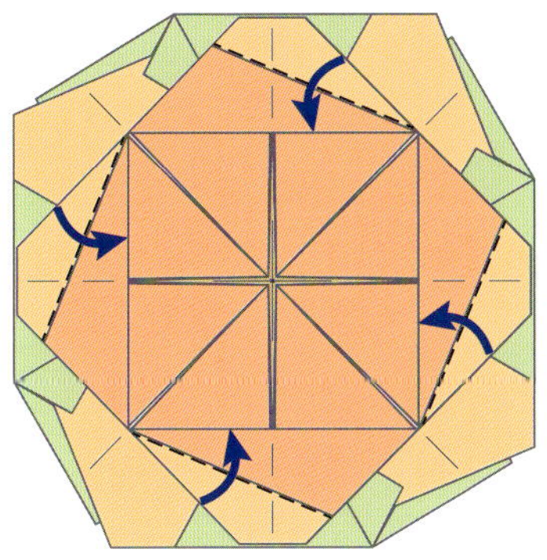

13 프레임 가장자리를 따라 아머를 접어요.

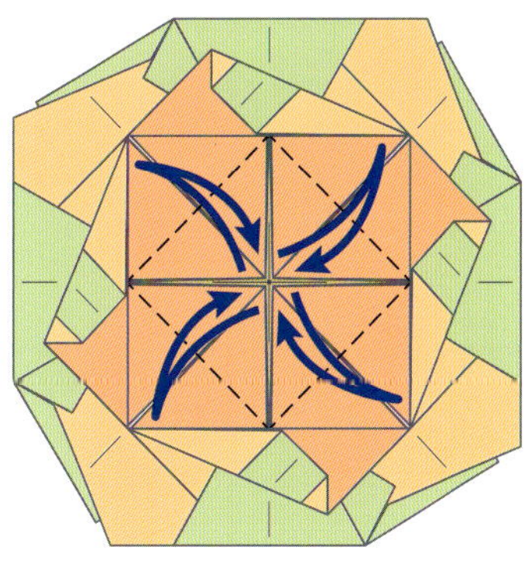

14 프레임 안쪽 겹을 밖으로 벌려 접었다 펴요.

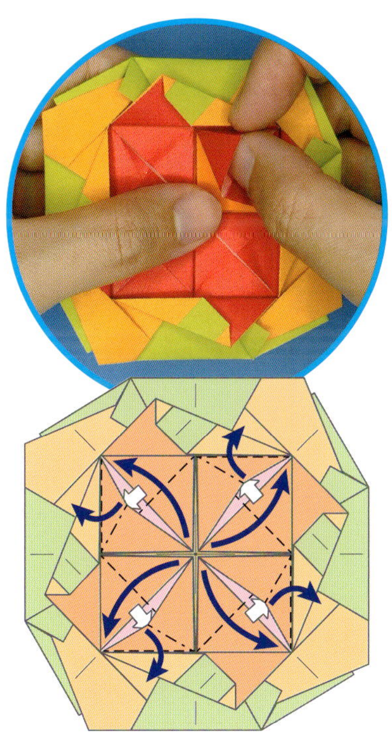

15 안쪽 틈을 벌리며 눌러 접어요.

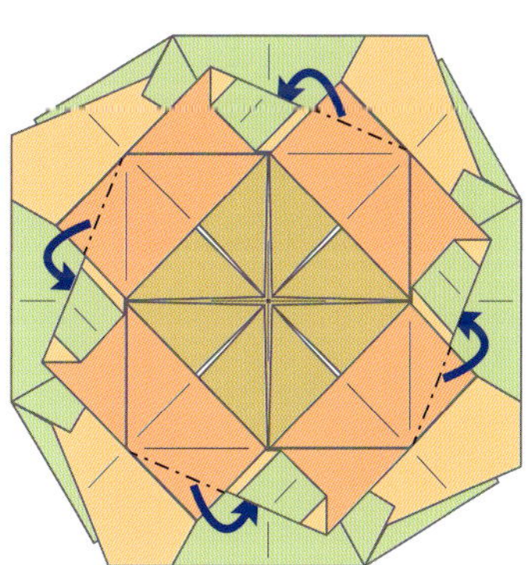

16 뒤쪽 가장자리를 따라 산 접기를 해요.

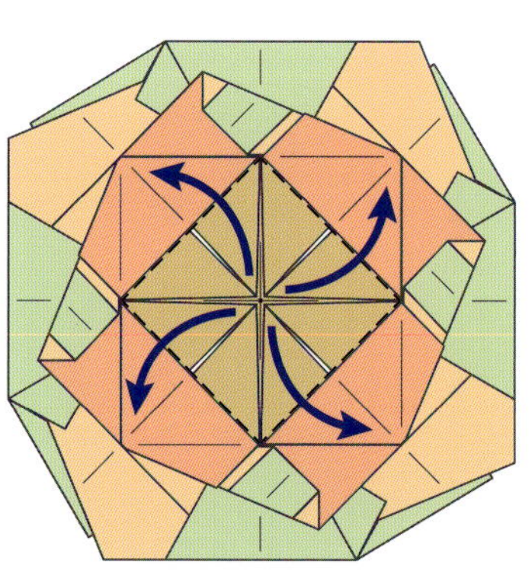

17

코어를 밖으로
벌려 접어요.

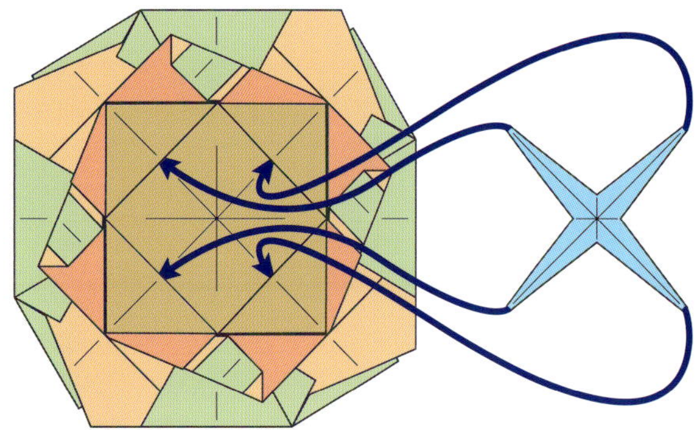

18 그립을 끼워 넣어요.

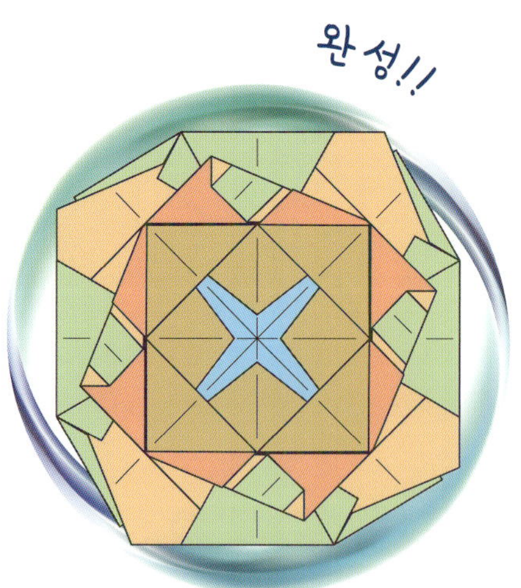

03
블레이징 노바
Blazing Nova

거대한 별의 폭발
온 우주를 붉게 물들이며
빛의 폭주가 시작되다

공격력 ★★★★☆☆
방어력 ★★★★☆☆
지구력 ★★★★★☆
균형감 ★★★★★☆

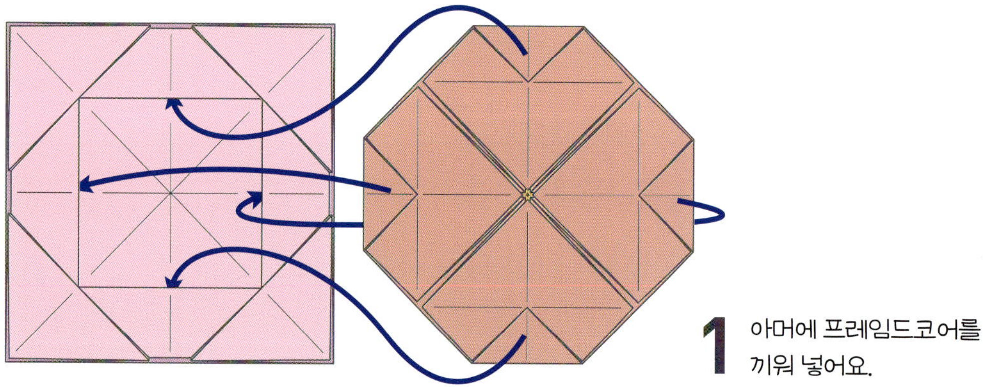

1 아머에 프레임드코어를
끼워 넣어요.

2 벌려 접었던 아머 부분을
모두 펴서 덮어요.

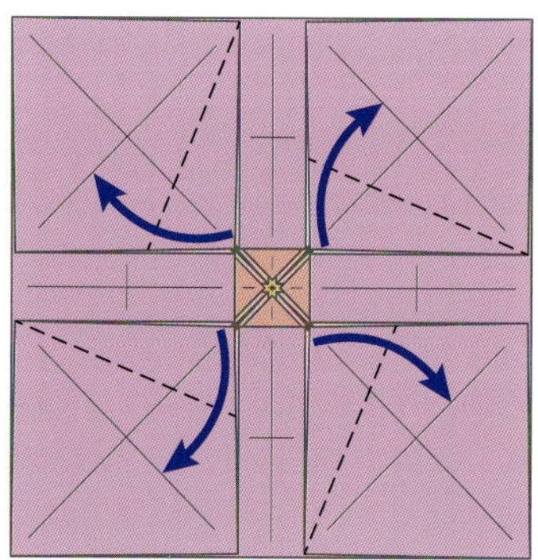

3 보조선에 맞춰 비스듬히
접어요.

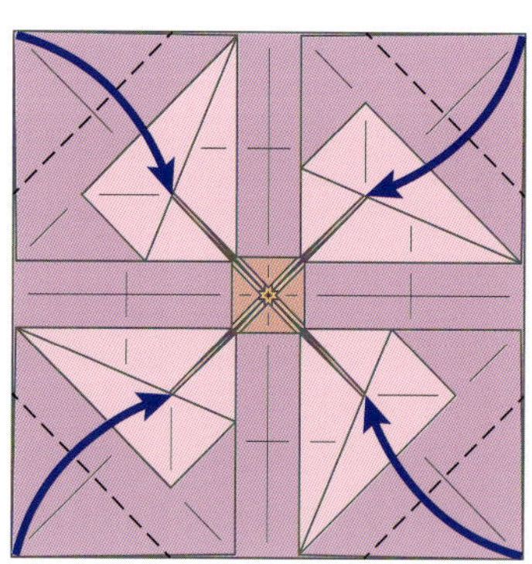

4 보조선 끝에 맞춰 접어요.

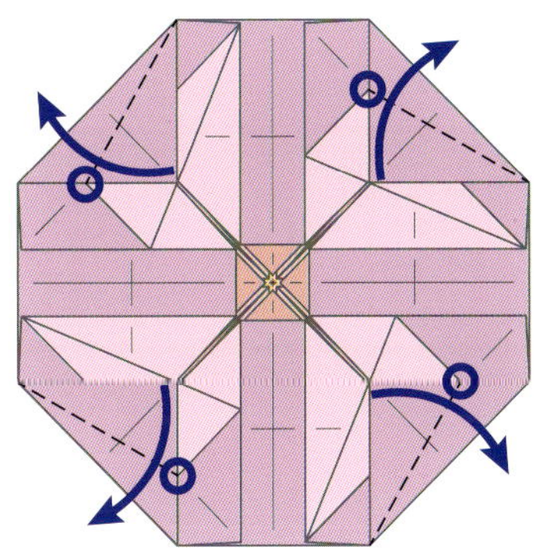

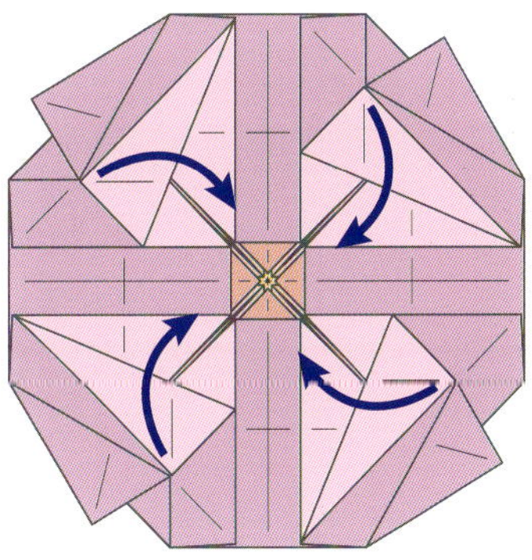

5 ○를 기준으로 밖으로 비스듬히 벌려 접어요.

6 윗겹을 다시 펼쳐요.

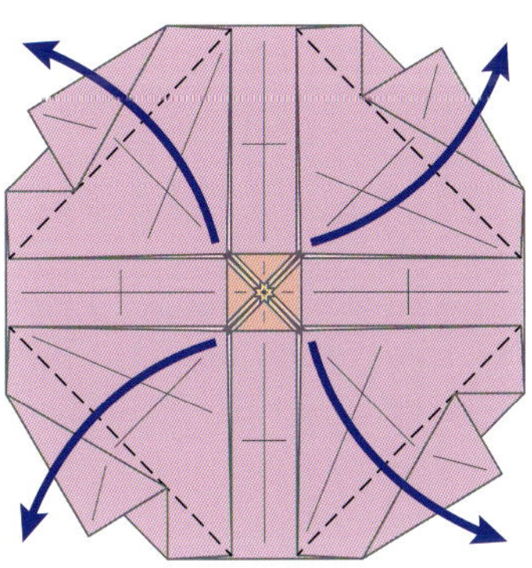

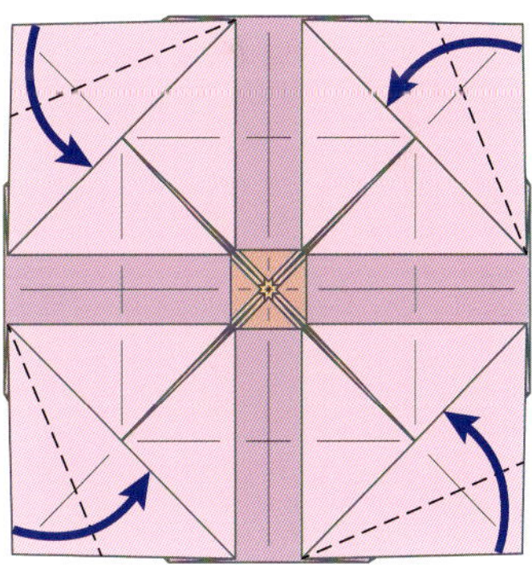

7 보조선을 따라 넘겨 접어요.

8 보조선을 따라 접어요.

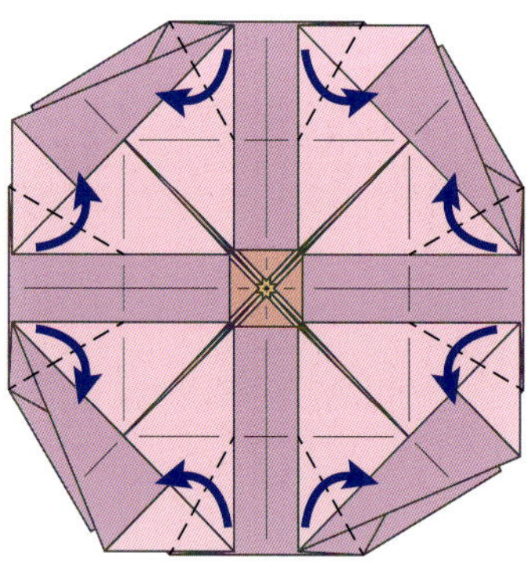

9 보조선 끝을 기준으로 접어요.

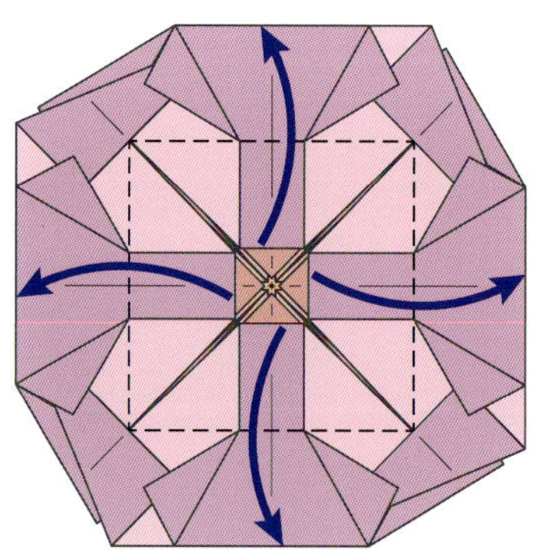

10 보조선을 따라 넘겨 접어요.

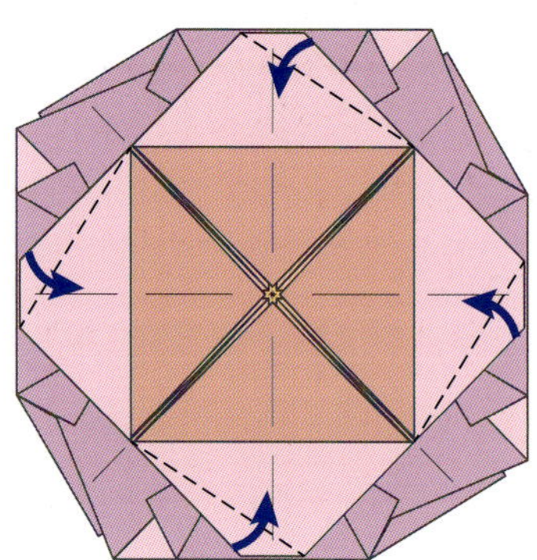

11 윗겹의 대각선을 따라 접어요.

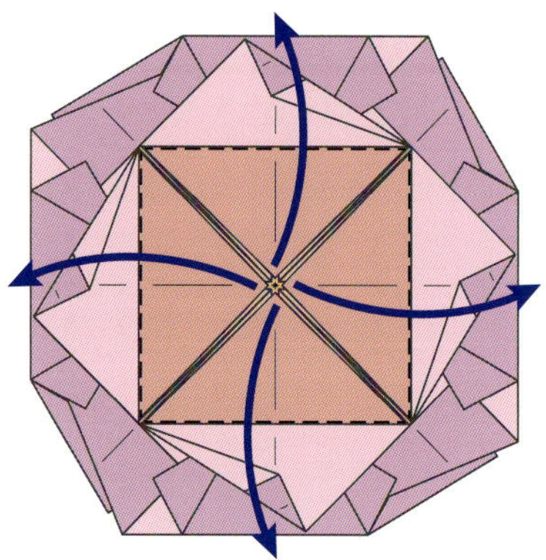

12 프레임 윗겹을 가장자리를 따라 밖으로 벌려 접어요.

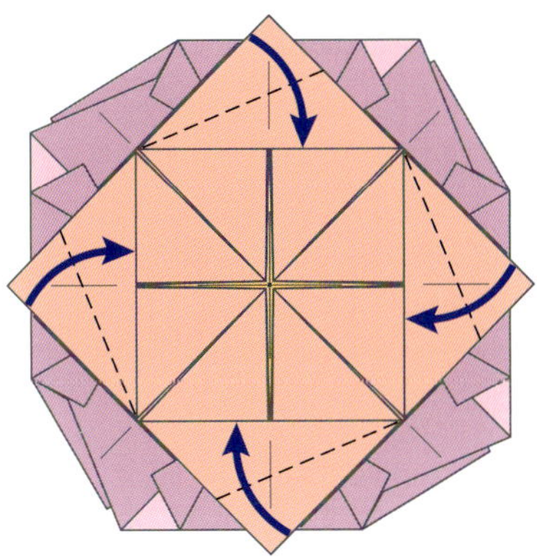

13 가장자리에 맞춰 비스듬히 접어요.

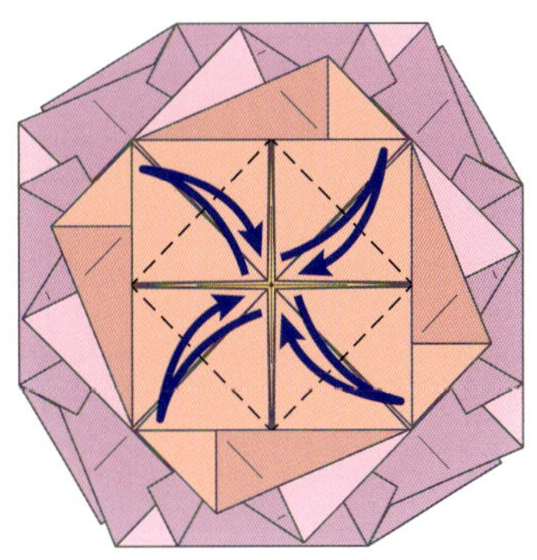

14 프레임 안쪽 겹을 밖으로 벌려
접었다 펴요.

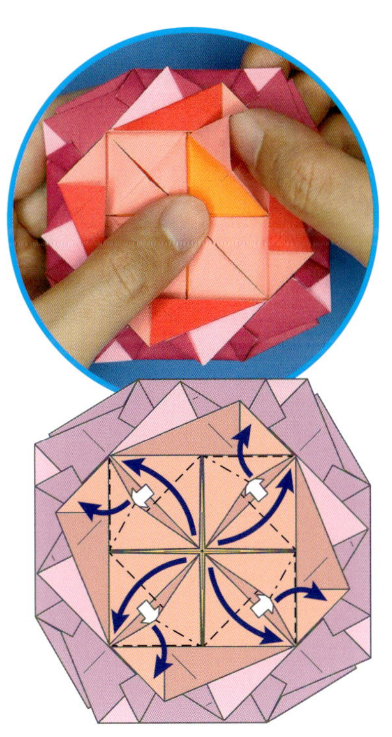

15 안쪽 틈을 벌리며 눌러 접어요.

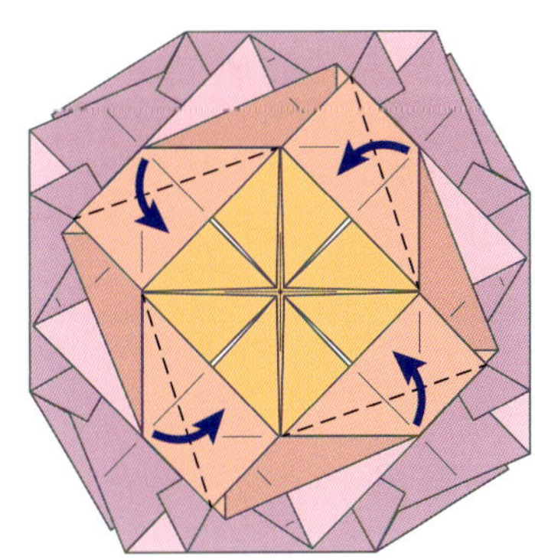

16 윗겹의 대각선을 따라 접어요.

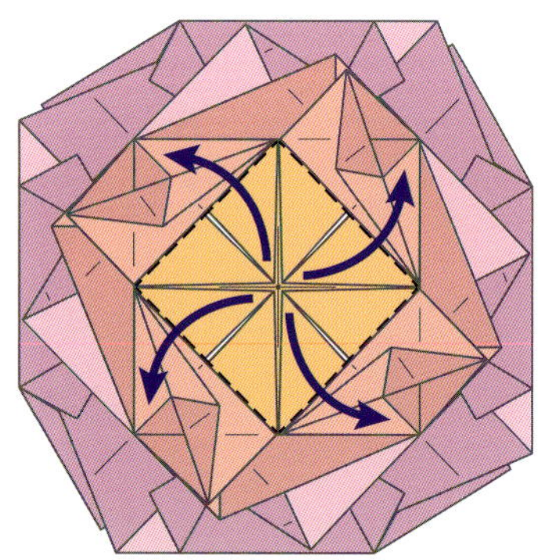

17 코어를 밖으로 벌려 접어요.

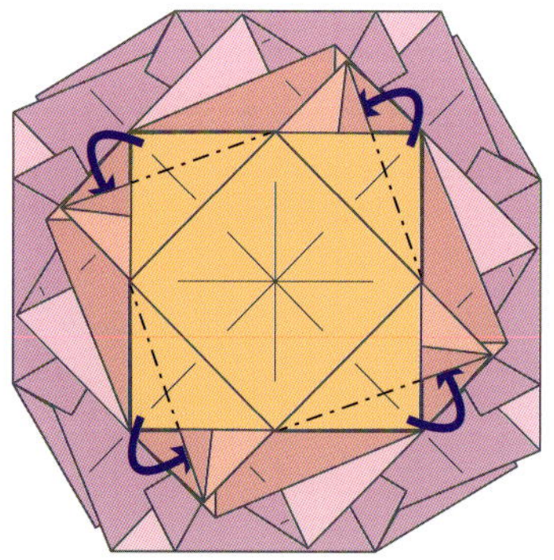

18 뒤쪽 가장자리를 따라 산 접기를 해요.

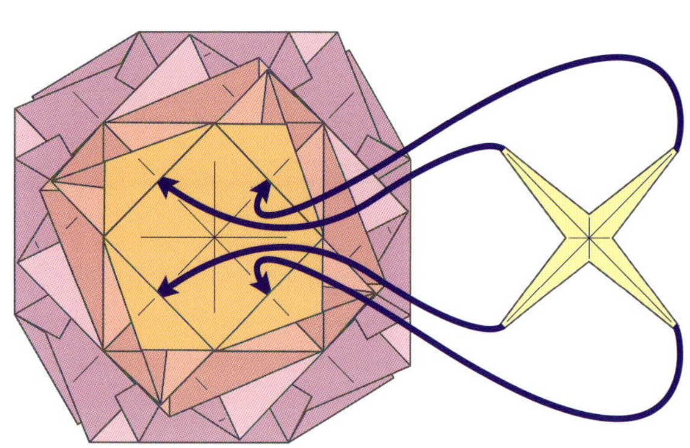

19 그립을 끼워 넣어요.

04
샤이닝 레이
Shining Ray

세상을 맑게 씻어 내는
순백의 빛줄기,
모든 색의 시작이자 끝

공격력 ★★★★☆
방어력 ★★★★☆
지구력 ★★★★★
균형감 ★★★★★

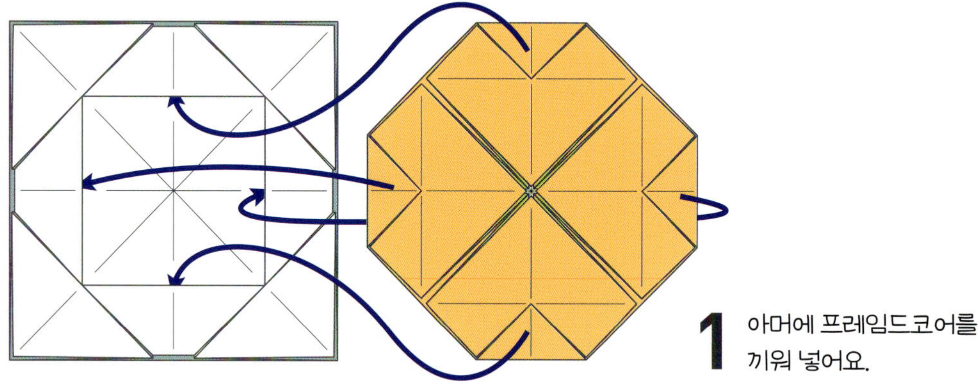

1 아머에 프레임드 코어를 끼워 넣어요.

2 벌려 접었던 아머 부분을 모두 펴서 덮어요.

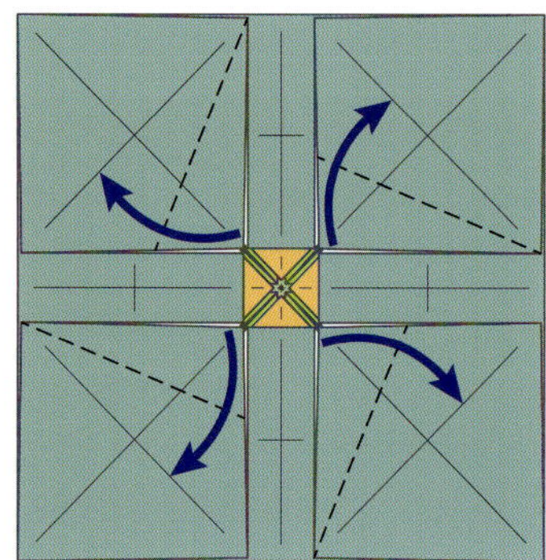

3 보조선에 맞춰 비스듬히 접어요.

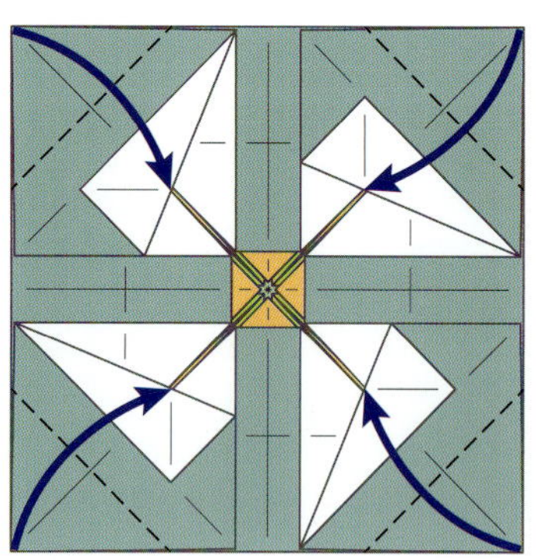

4 보조선 끝에 맞춰 접어요.

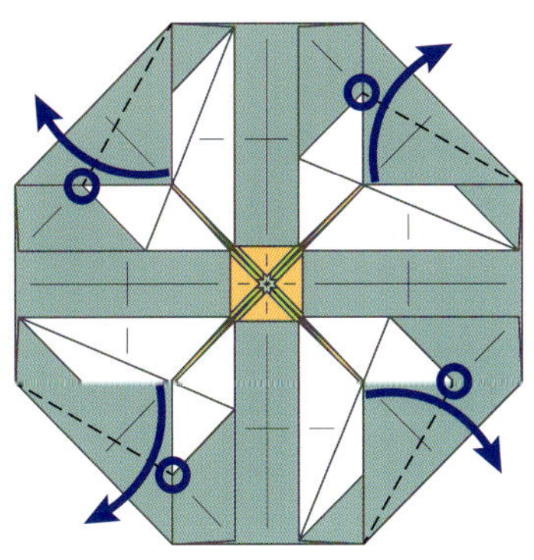

5 ○를 기준으로 밖으로 비스듬히 벌려 접어요.

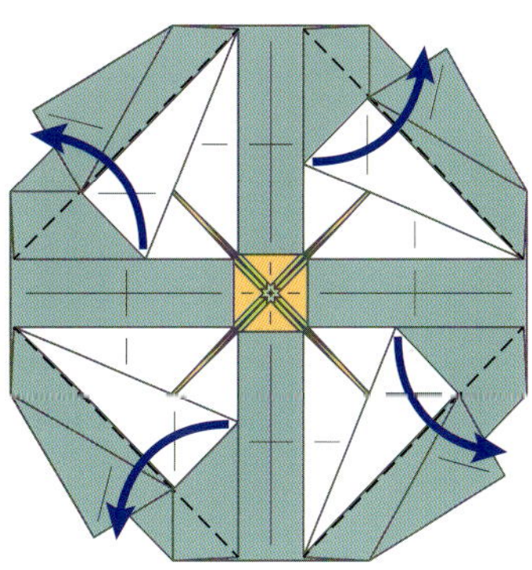

6 보조선을 따라 넘겨 접어요.

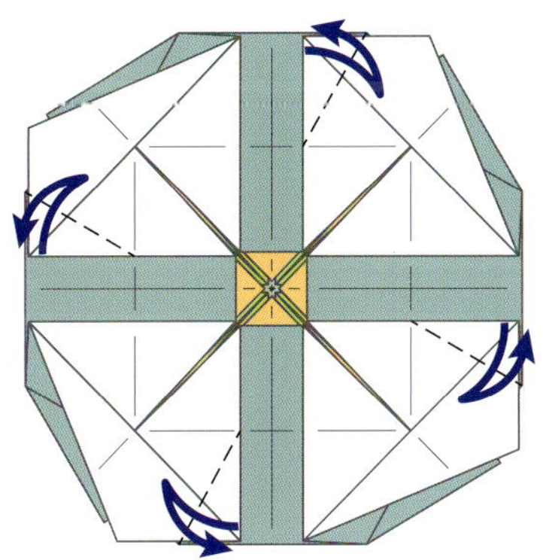

7 보조선 끝을 기준으로 접었다 펴요.

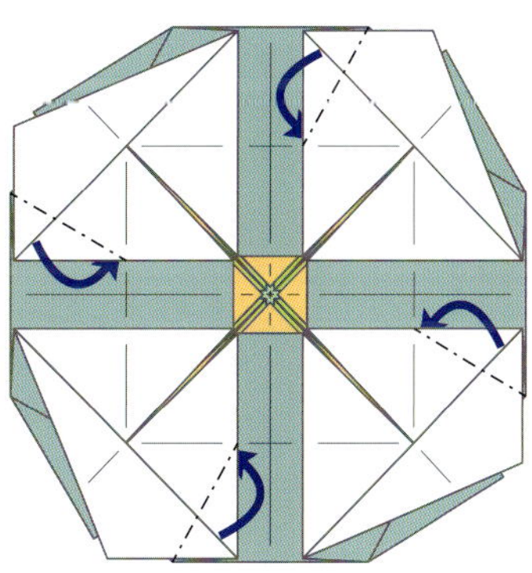

8 접었다 편 부분을 뒤쪽 틈으로 산 접기를 해요.

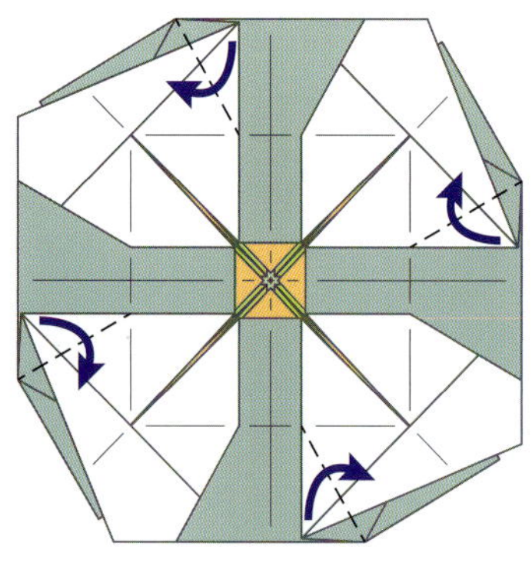

9 보조선 끝을 기준으로 접어요.

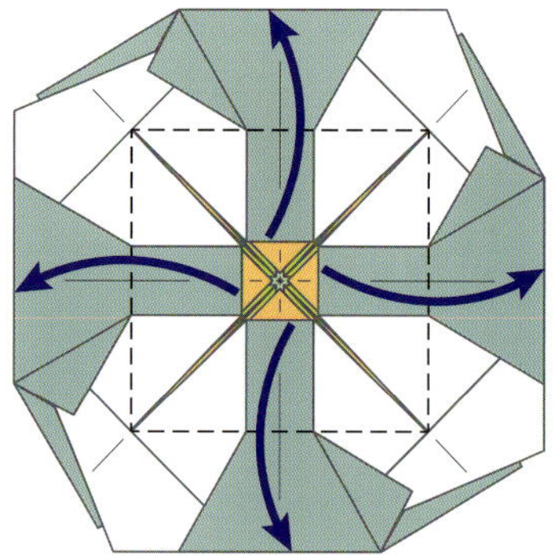

10 보조선을 따라 넘겨 접어요.

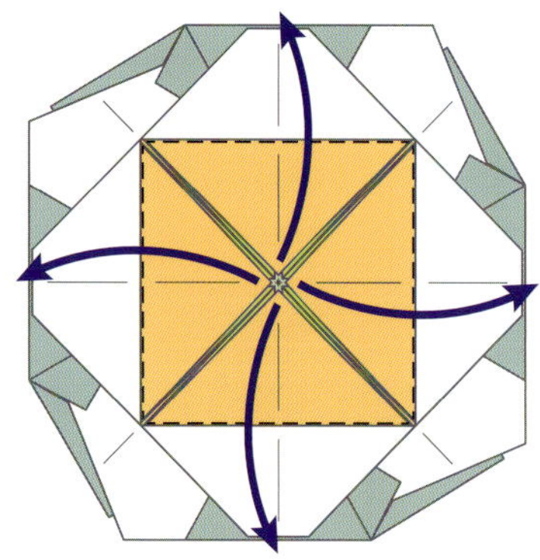

11 프레임 윗겹을 가장자리를 따라 밖으로 벌려 접어요.

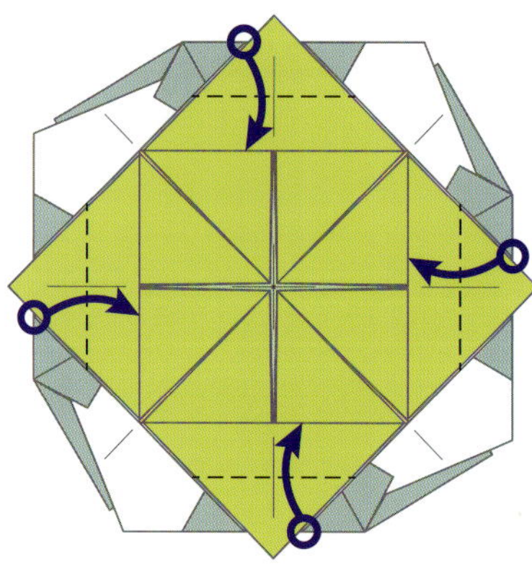

12 뒷겹 끝부분이 가장자리에 만나도록 아머와 프레임 윗겹을 한꺼번에 접어요.

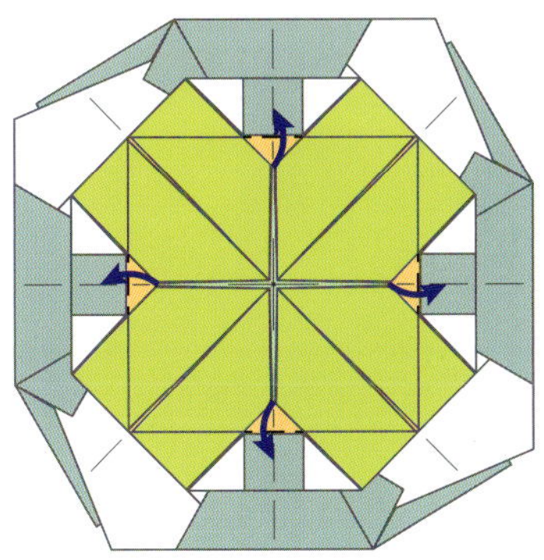

13 뾰족한 부분을 접어요.

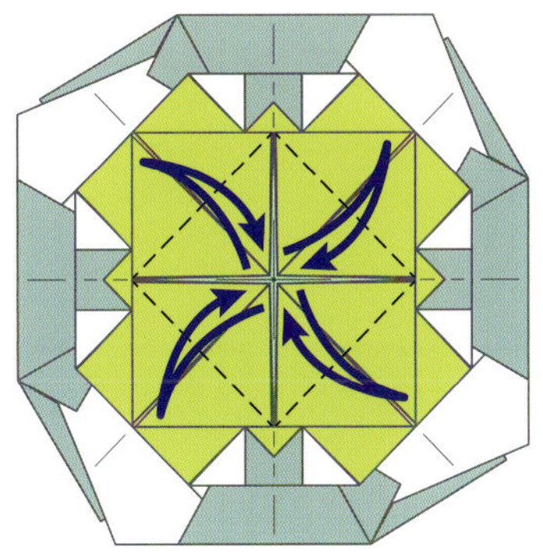

14 프레임 안쪽 겹을 밖으로 벌려 접었다 펴요.

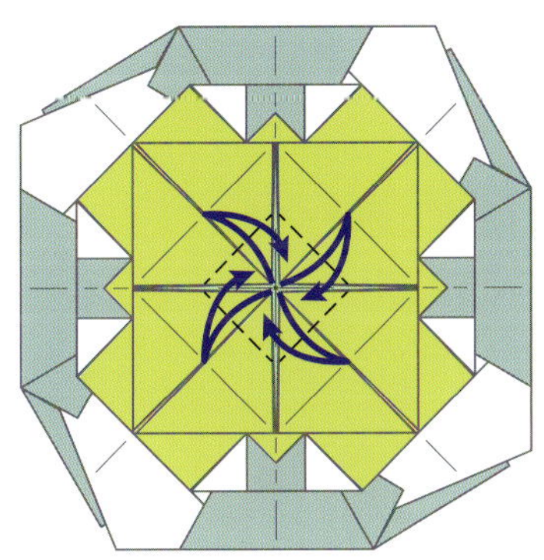

15 보조선에 맞춰 접었다 펴요.

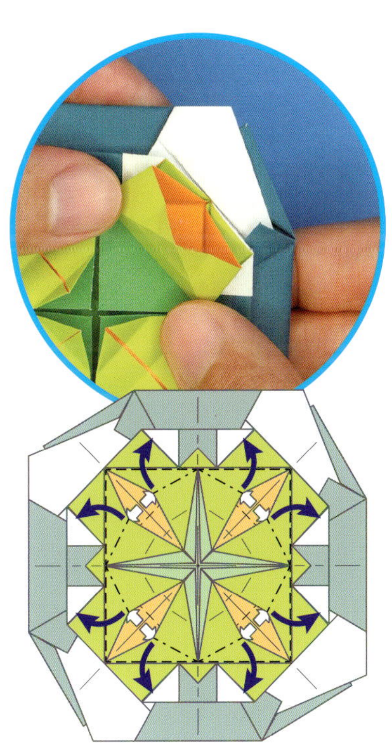

16 안쪽 틈을 벌리며 눌러 접어요.

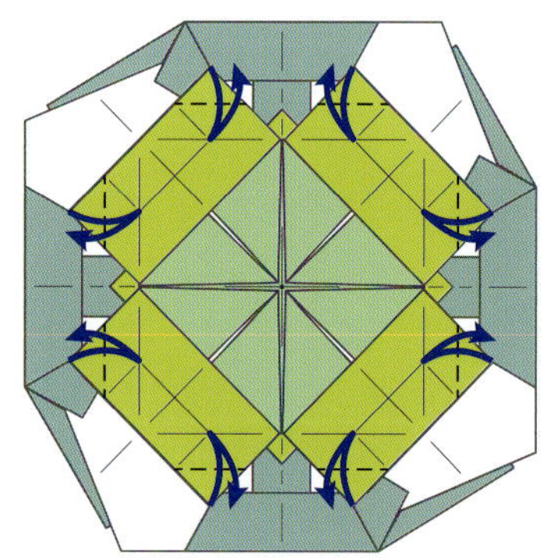

17 보조선에 맞춰 접었다 펴요.

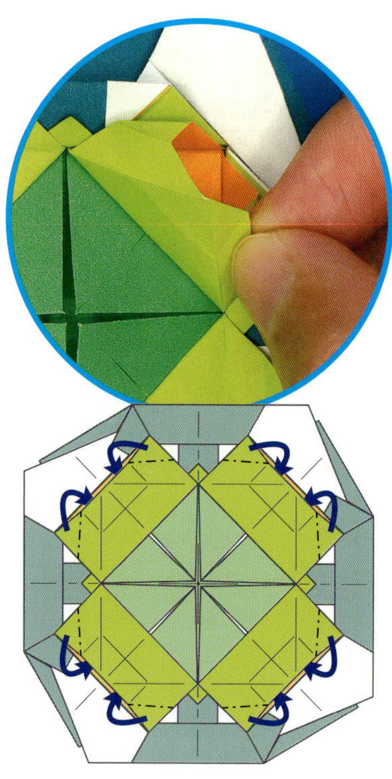

18 접었다 편 부분을 안으로
넣어 접어요.

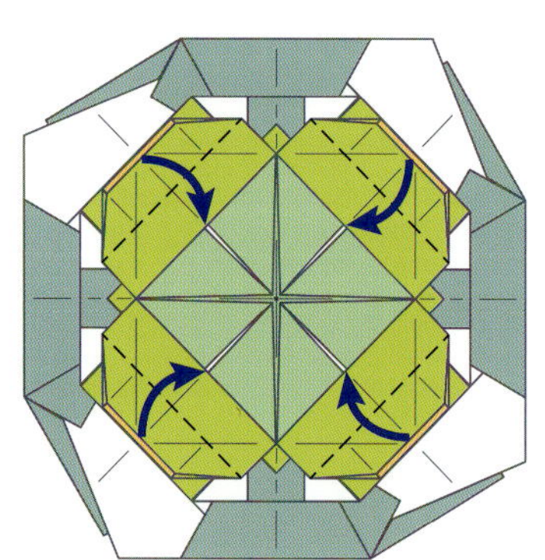

19 한 겹을 안쪽으로 넘겨 접어요.

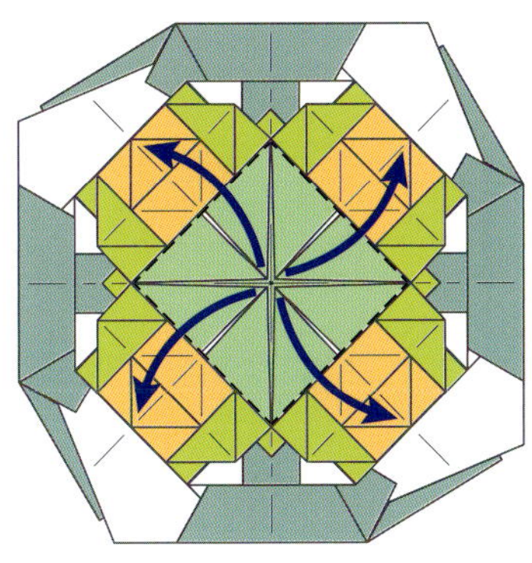

20 코어를 밖으로 벌려 접어요.

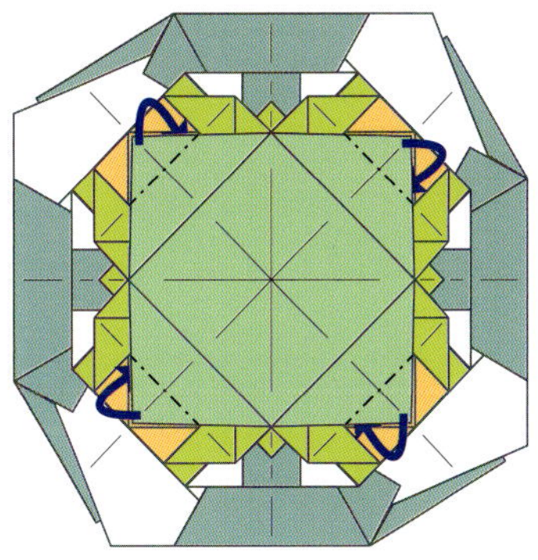

21 뒤쪽 가장자리를 따라 산 접기를 해요.

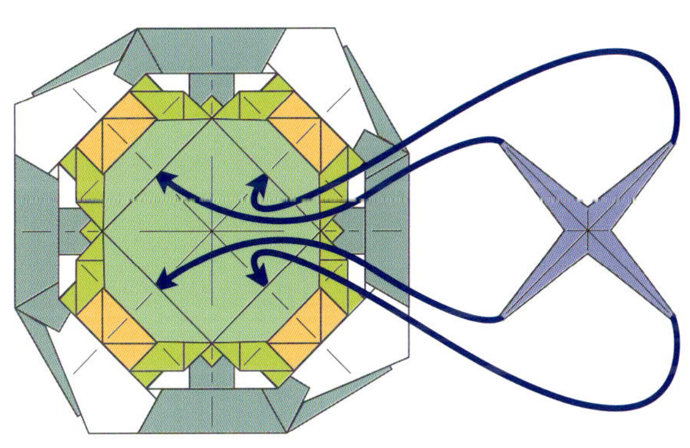

22 그립을 끼워 넣어요.

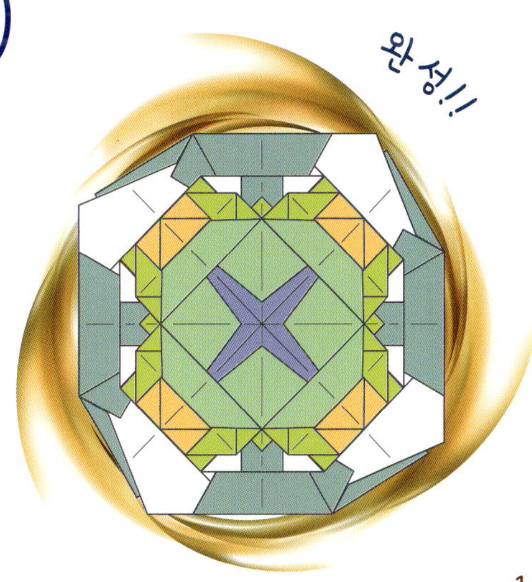

05 코랄 웨이브
Coral Wave

바닷속의 살아 있는 보석,
산호초 사이를 일렁이는
에메랄드빛 물결의 움직임

공격력 ★★★★★☆
방어력 ★★★★★☆
지구력 ★★★★★☆
균형감 ★★★★★☆

1 아머에 프레임드 코어를 끼워 넣어요.

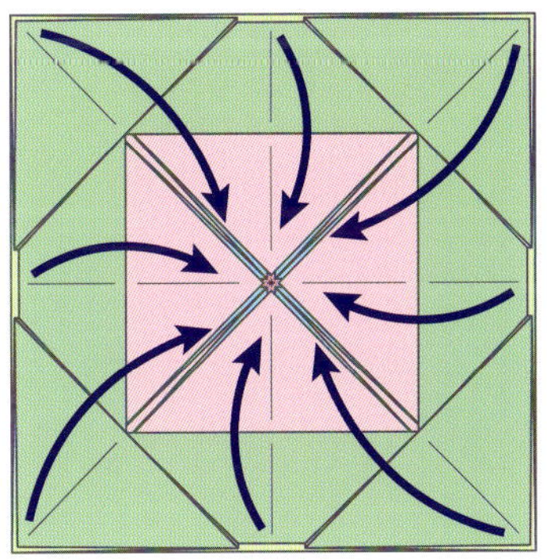

2 벌려 접었던 아머 부분을 모두 펴서 덮어요.

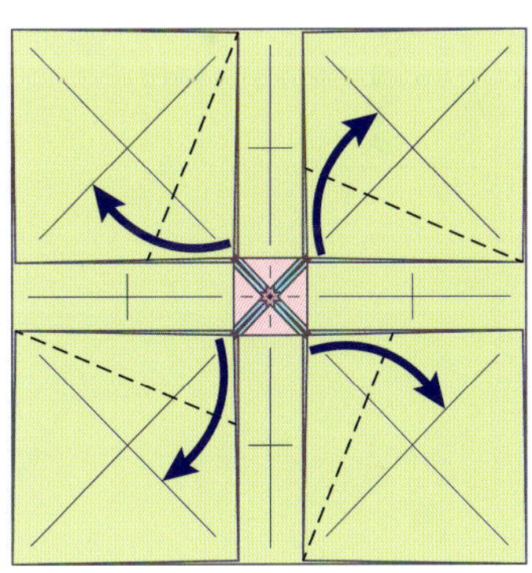

3 보조선에 맞춰 비스듬히 접어요.

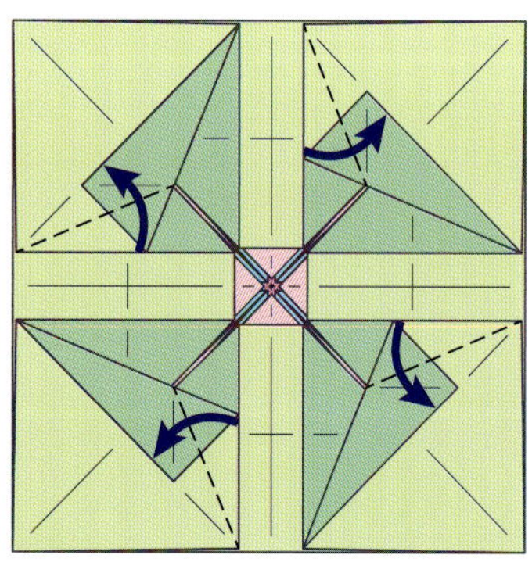

4 반대쪽도 마찬가지로 접어요.

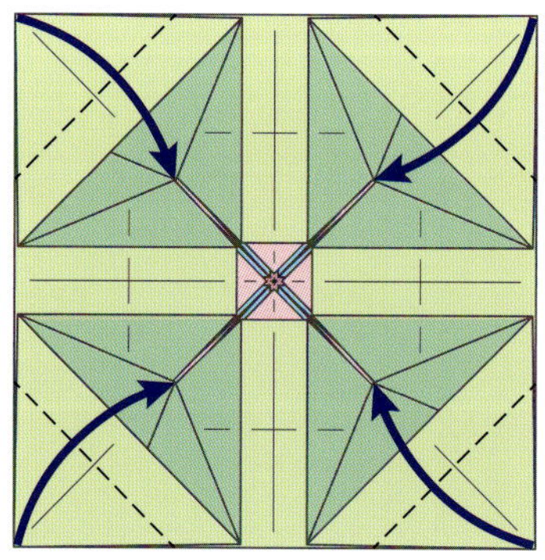

5 방금 접은 끝부분에 맞춰 접어요.

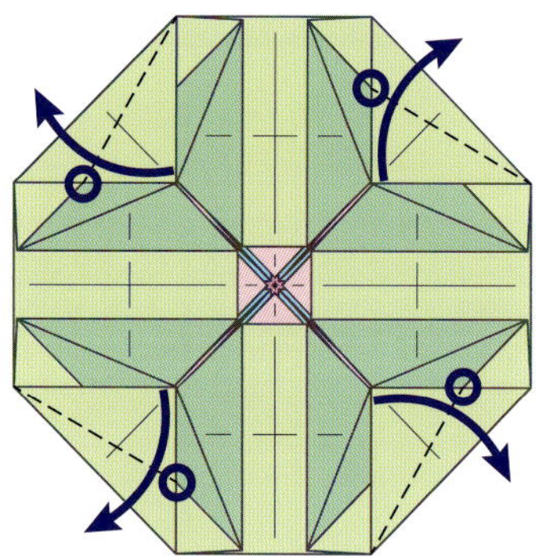

6 ◯를 기준으로 밖으로 비스듬히 벌려 접어요.

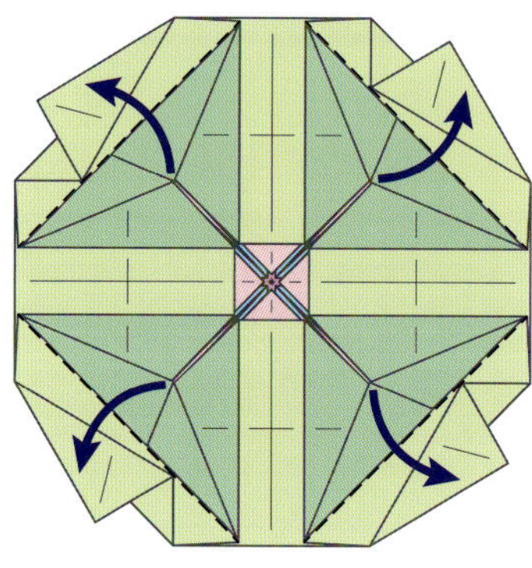

7 보조선을 따라 넘겨 접어요.

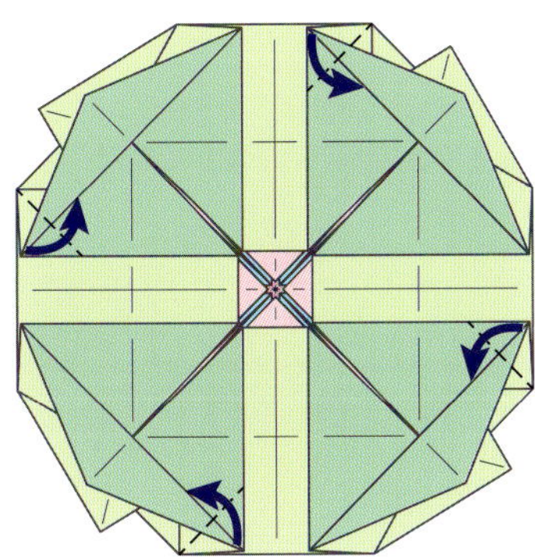

8 가장자리에 맞춰 접어요.

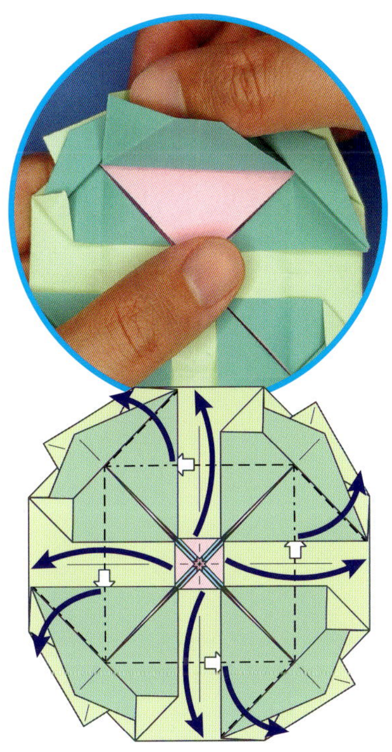

9 안쪽 틈을 벌리며 눌러 접어요.

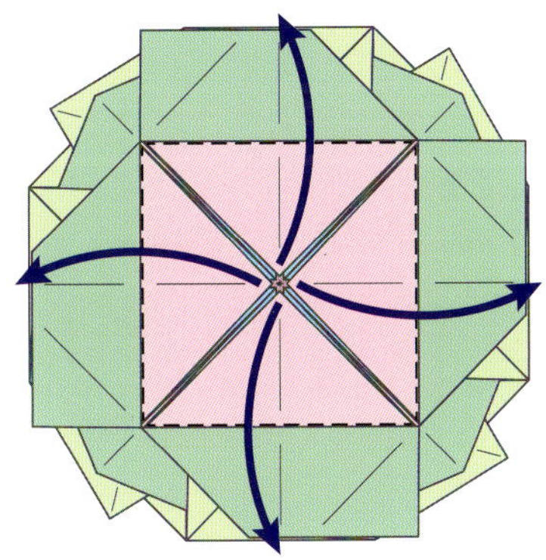

10 프레임 윗겹을 가장자리를 따라 밖으로 벌려 접어요.

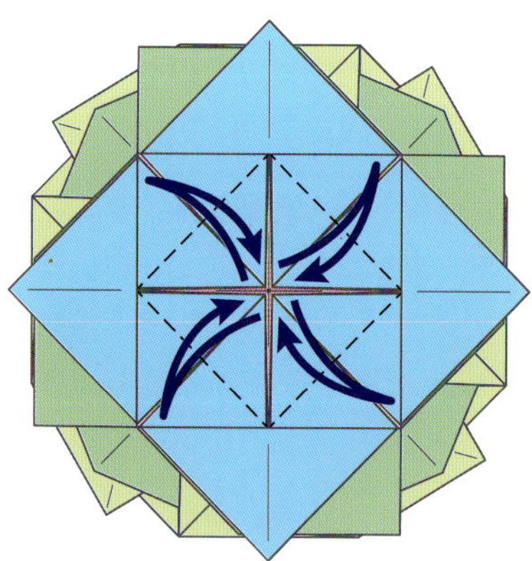

11 프레임 안쪽 겹을 밖으로 벌려
접었다 펴요.

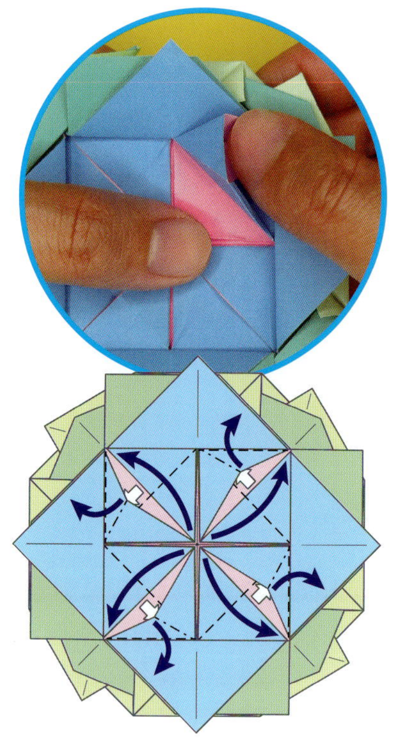

12 안쪽 틈을 벌리며 눌러 접어요.

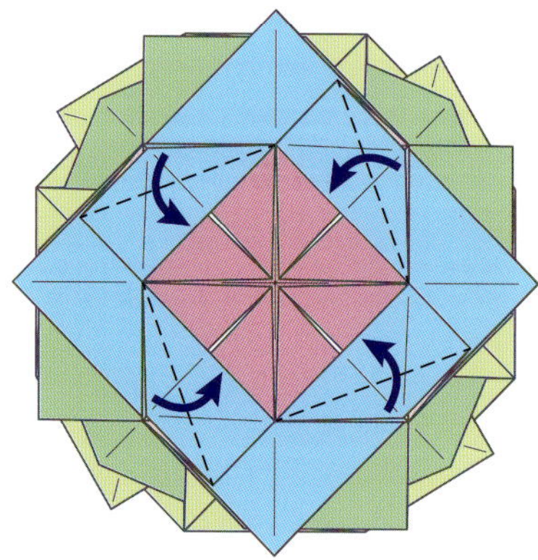

13 윗겹의 대각선을 따라 접어요.

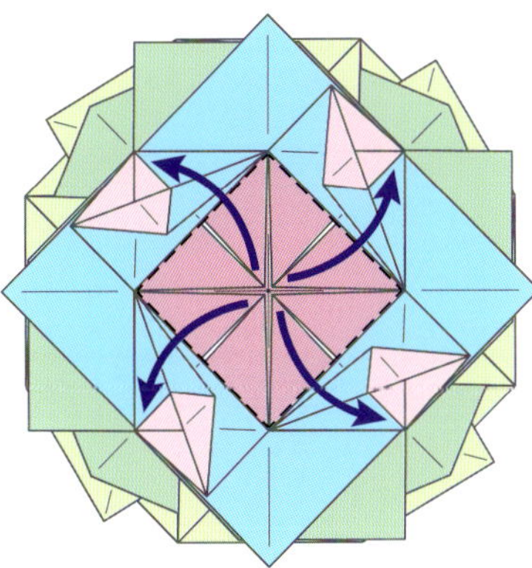

14 코어를 밖으로 벌려 접어요.

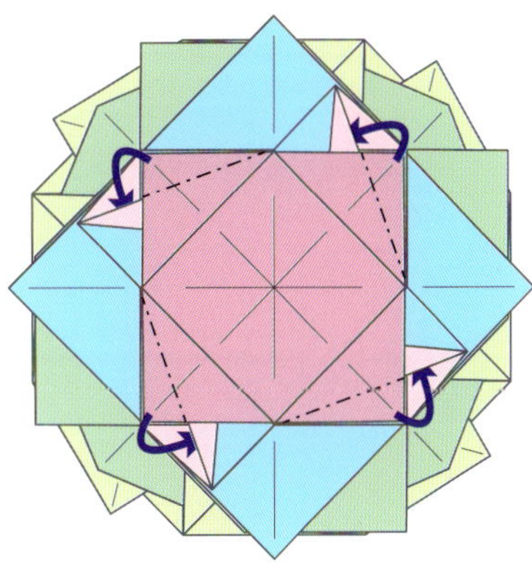

15 뒤쪽 가장자리를 따라
산 접기를 해요.

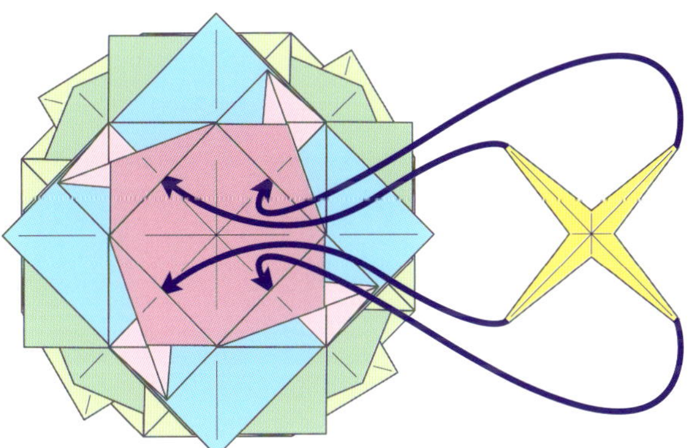

16 그립을 끼워 넣어요.

PART 4
밸런스형

마린
인피니티

로즈
엠프레스

기어
스트라이커

브릭
포트리스

에코 마스터

마린 인피니티
Marine Infinity

무한한 넓이와 무한한 깊이,
무한의 에너지를 품은
영원의 회전을 완성하다

공격력 ★★★☆☆☆
방어력 ★★★★★☆
지구력 ★★★★★☆
균형감 ★★★★★★

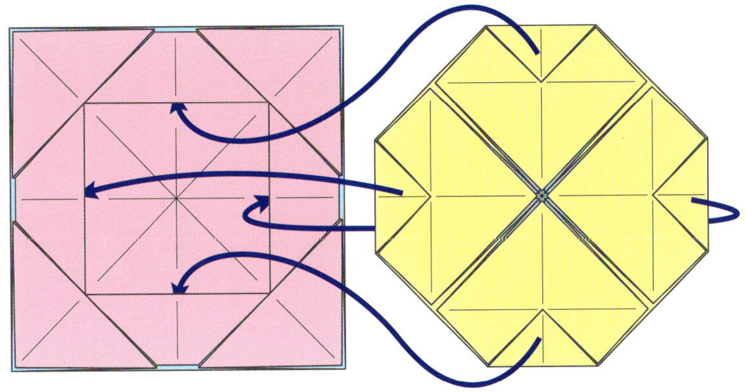

1 아머에 프레임드코어를 끼워 넣어요.

2 벌려 접었던 아머 부분을
모두 펴서 덮어요.

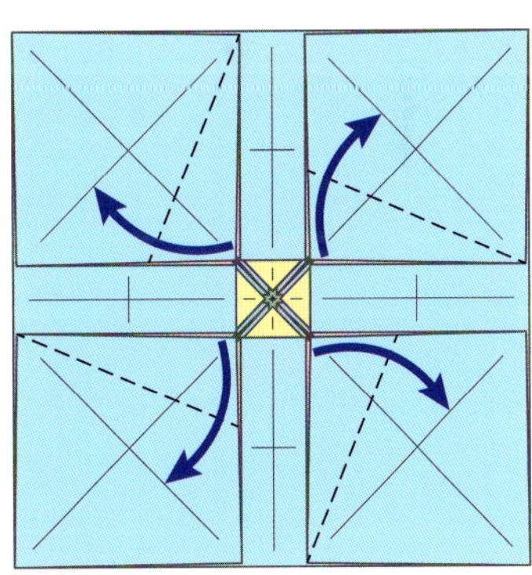

3 보조선에 맞춰 비스듬히
접어요.

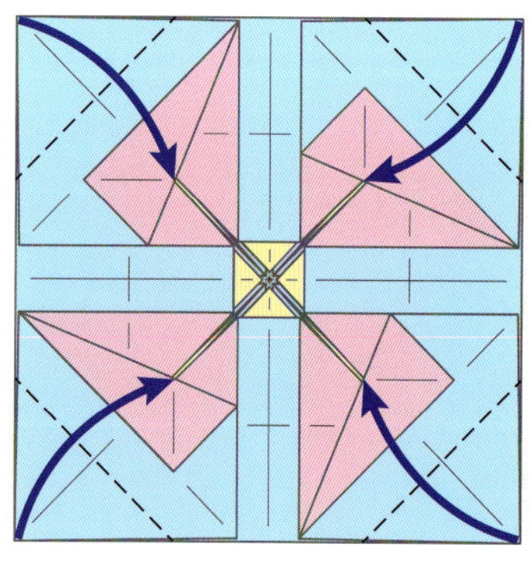

4 보조선 끝에 맞춰 접어요.

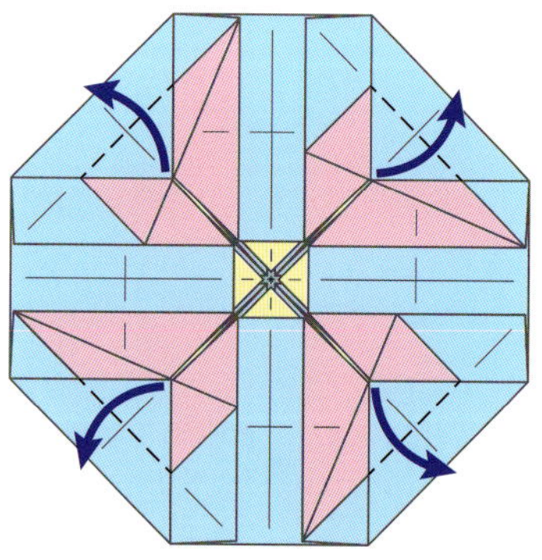

5 뒷겹 가장자리를 따라 밖으로 벌려 접어요.

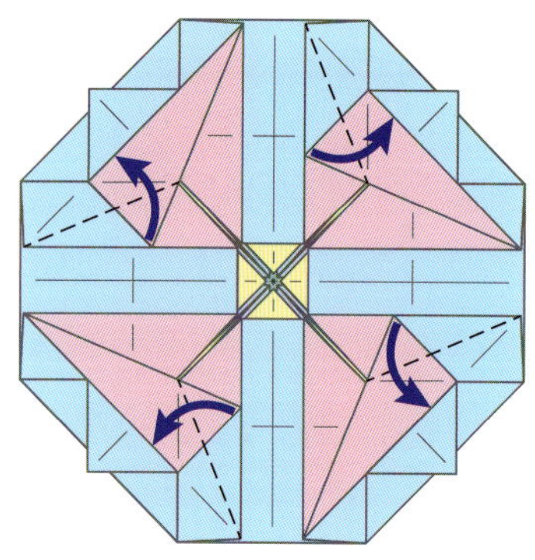

6 가장자리에 맞춰 비스듬히 접어요.

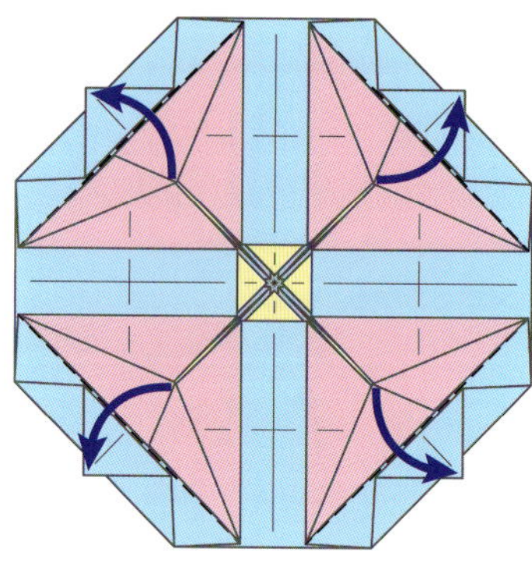

7 보조선을 따라 넘겨 접어요.

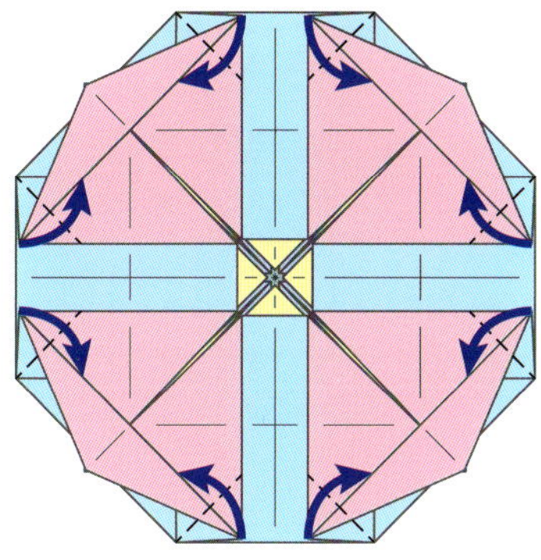

8 가장자리에 맞춰 접어요.

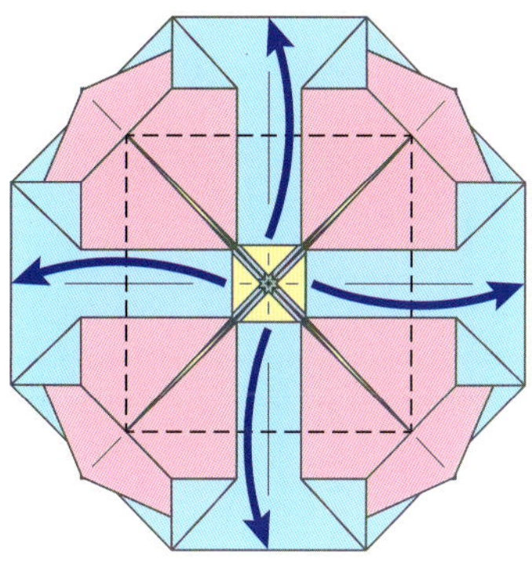

9 보조선을 따라 넘겨 접어요.

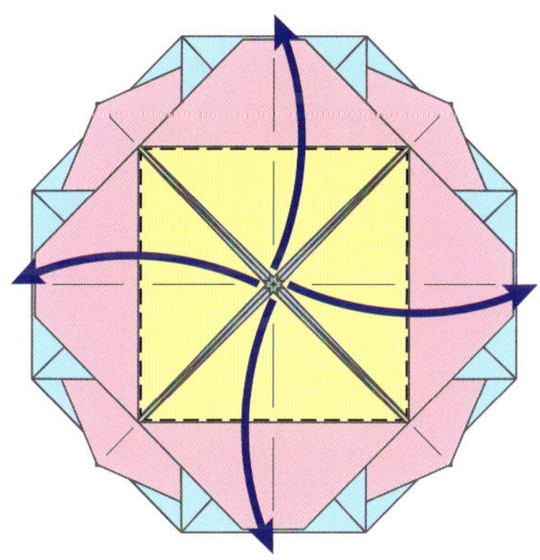

10 프레임 윗겹을 가장자리를 따라 밖으로 벌려 접어요.

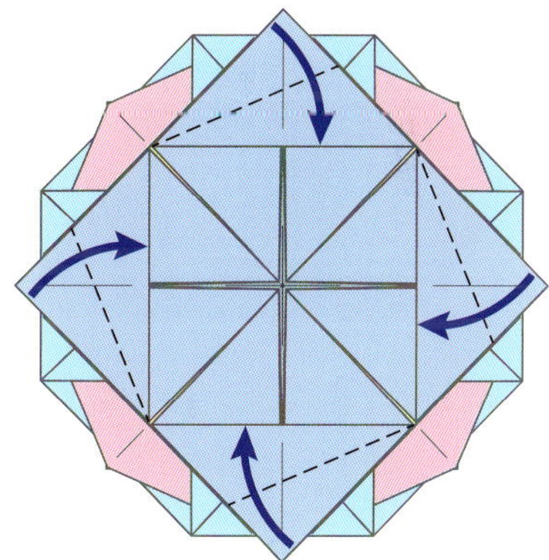

11 가장자리에 맞춰 비스듬히 접어요.

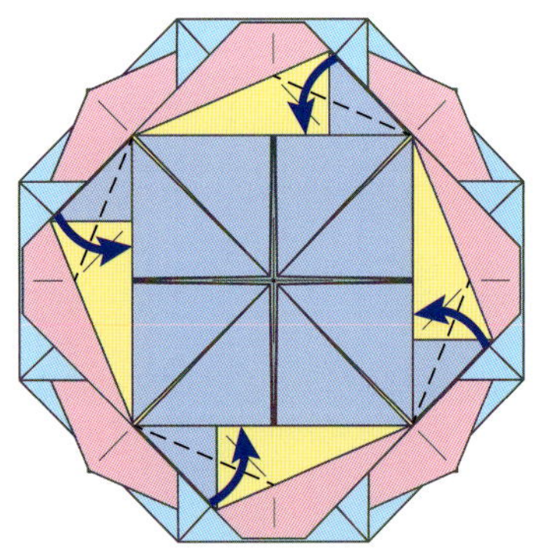

12 반대쪽도 마찬가지로 접어요.

13 프레임 안쪽 겹을 밖으로 벌려
접었다 펴요.

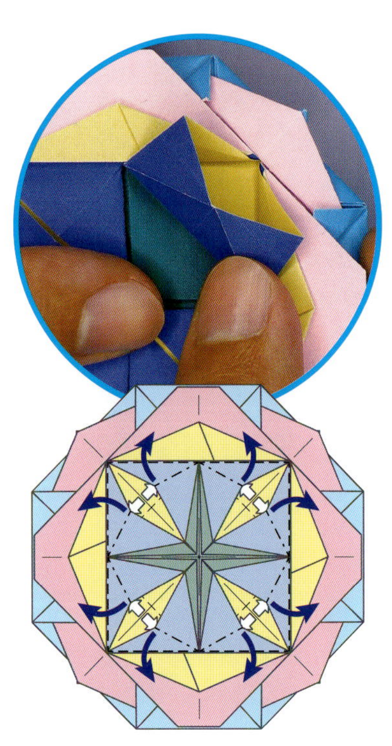

14 안쪽 틈을 벌리며 눌러 접어요.

15 뒤쪽 가장자리를 따라
산 접기를 해요.

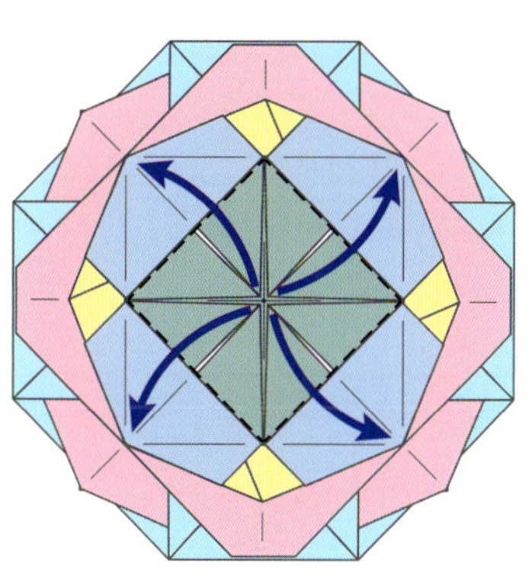

16

코어를 밖으로
벌려 접어요.

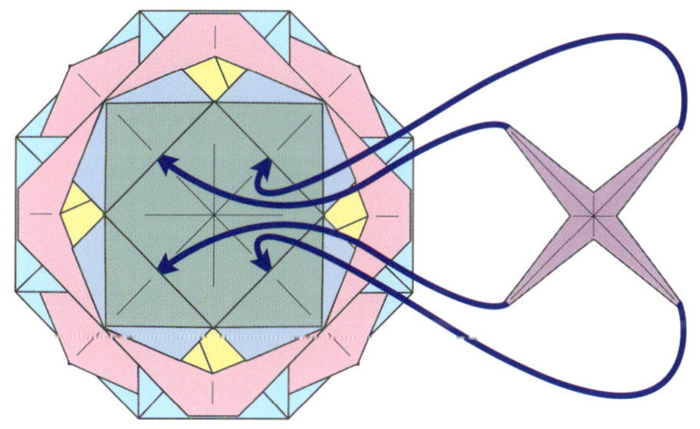

17 그립을 끼워 넣어요.

02 로즈 엠프레스
Rose Empress

활짝 피어난 날카로운 품격,
압도적 화려함으로
고귀한 정원을 거느리다

공격력 ★★★★☆☆
방어력 ★★★★★☆
지구력 ★★★★★☆
균형감 ★★★★★☆

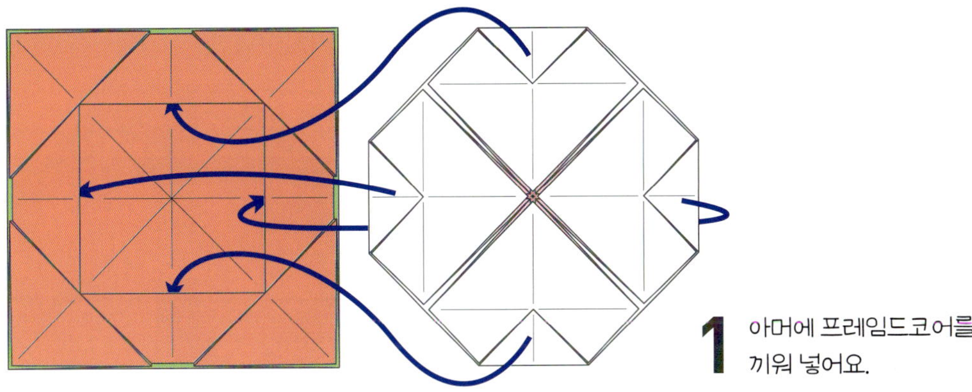

1 아머에 프레임드코어를
끼워 넣어요.

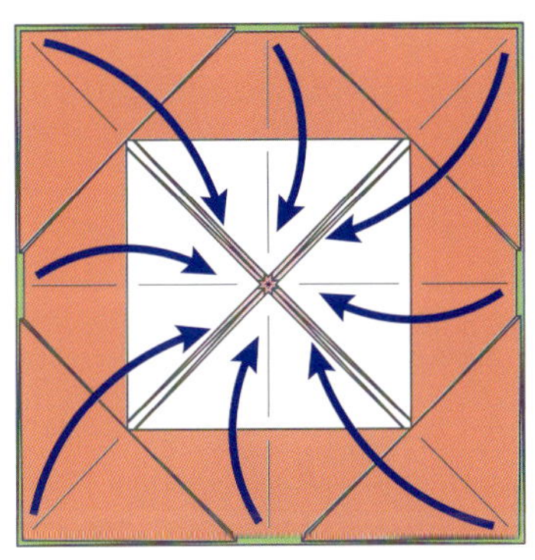

2 벌려 접었던 아머 부분을
모두 펴서 덮어요.

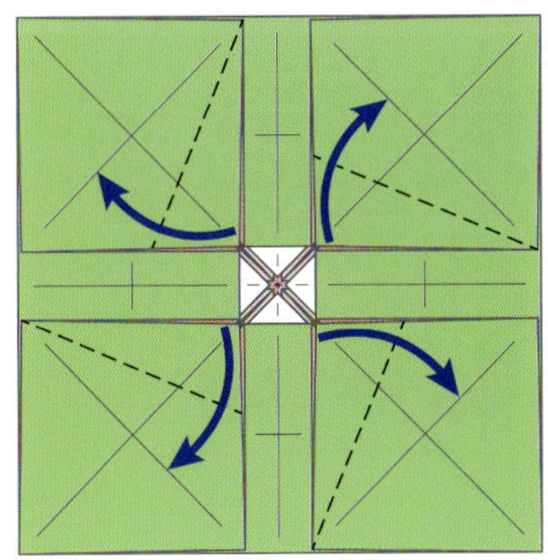

3 보조선에 맞춰 비스듬히 접어요.

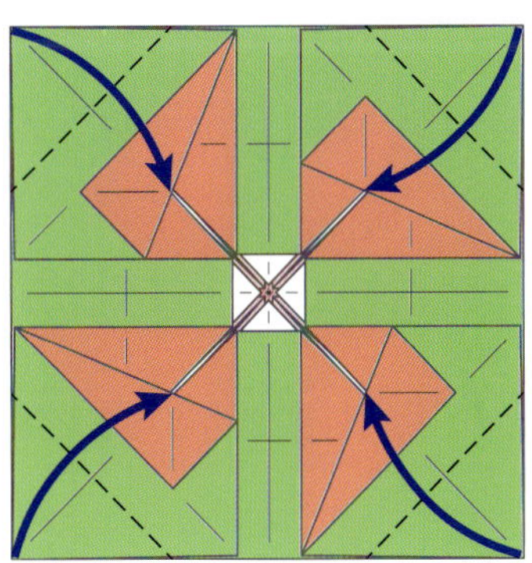

4 보조선 끝에 맞춰 접어요.

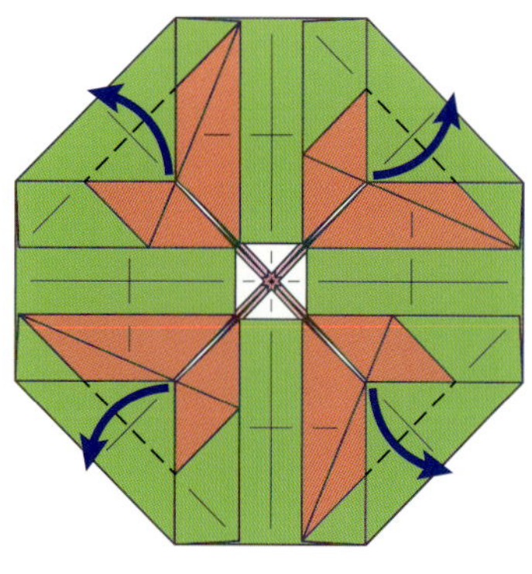

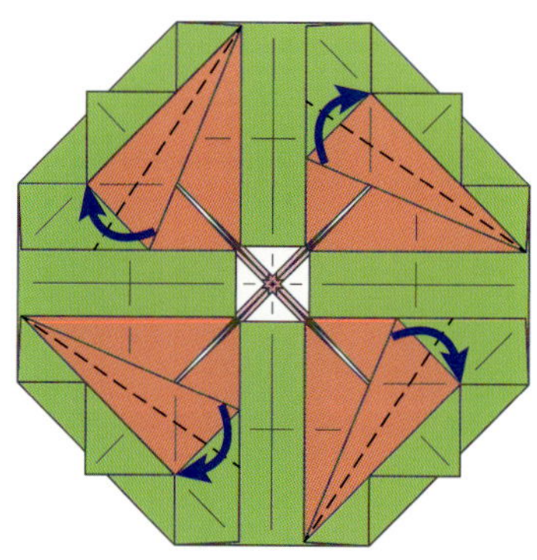

5 뒷겹 가장자리를 따라 밖으로 벌려 접어요.

6 가장자리에 맞춰 비스듬히 접어요.

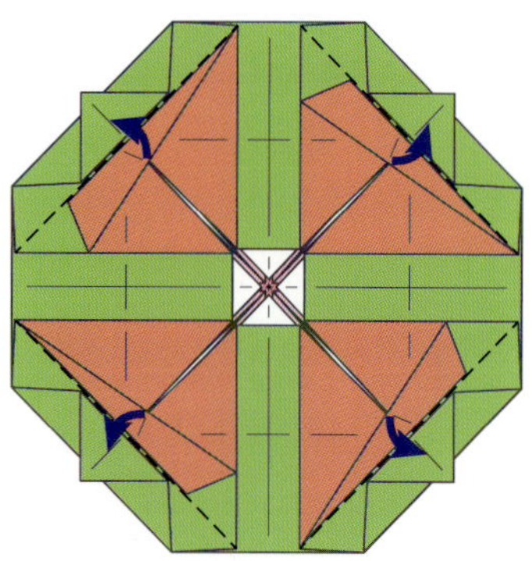

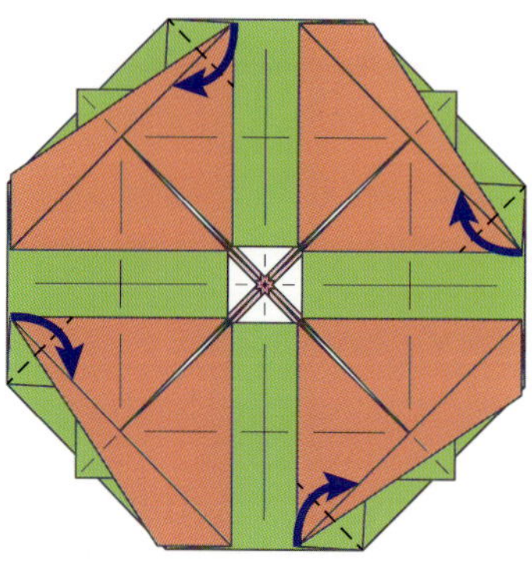

7 보조선을 따라 넘겨 접어요.

8 가장자리에 맞춰 접어요.

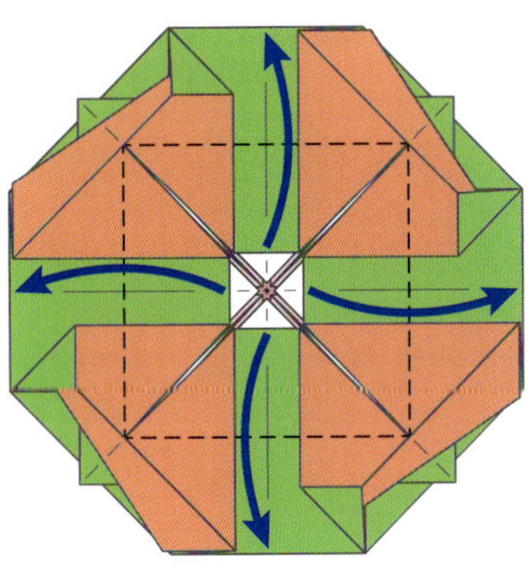

9 보조선을 따라 넘겨 접어요.

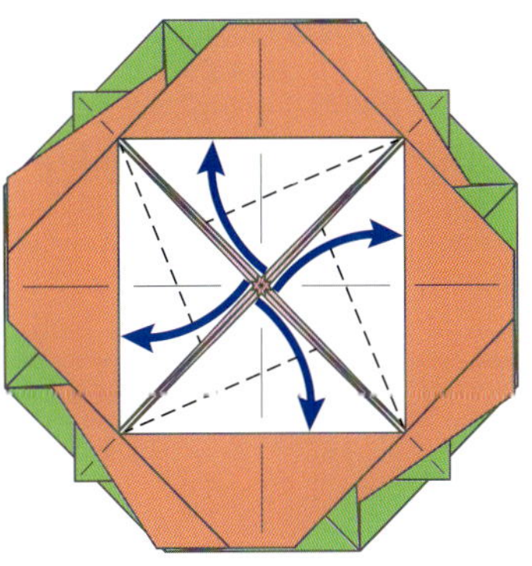

10 프레임 윗겹을 가장자리에 맞춰 비스듬히 접어요.

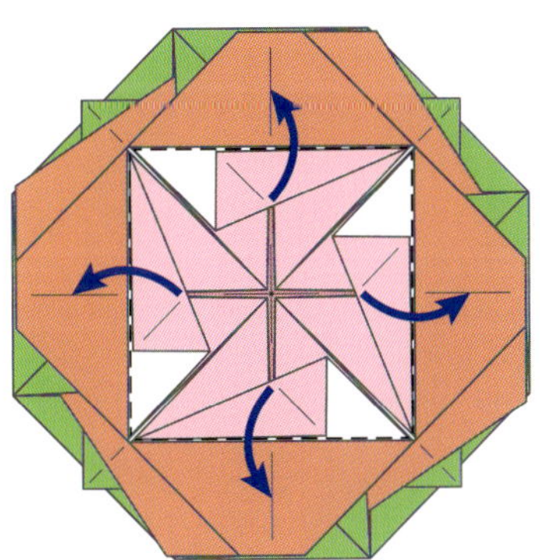

11 가장자리를 따라 밖으로 벌려 접어요.

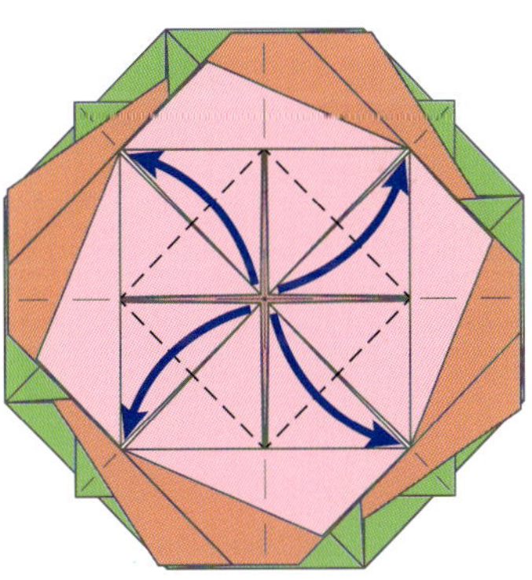

12 프레임 안쪽 겹을 밖으로 벌려 접어요.

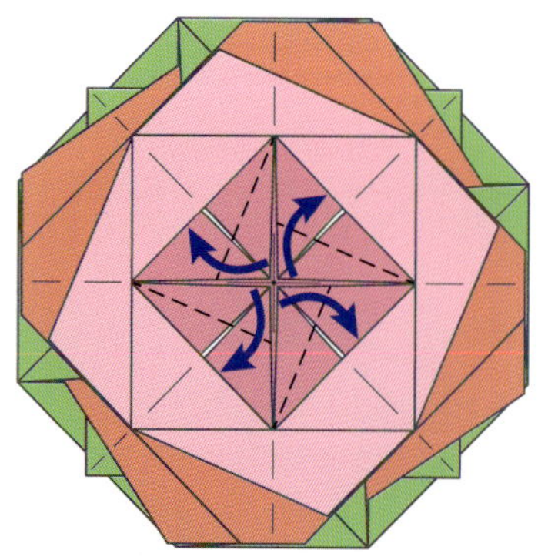

13 코어를 가장자리에 맞춰
비스듬히 접어요.

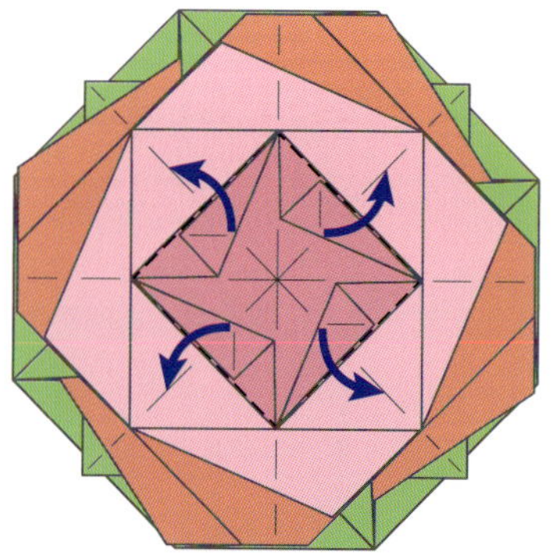

14 가장자리를 따라 밖으로
벌려 접어요.

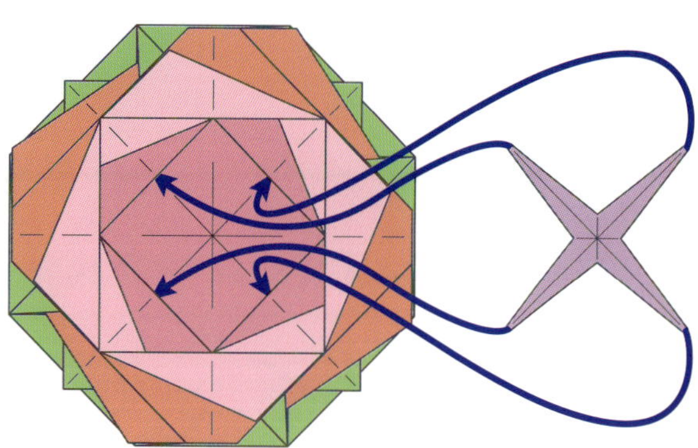

15 그립을 끼워 넣어요.

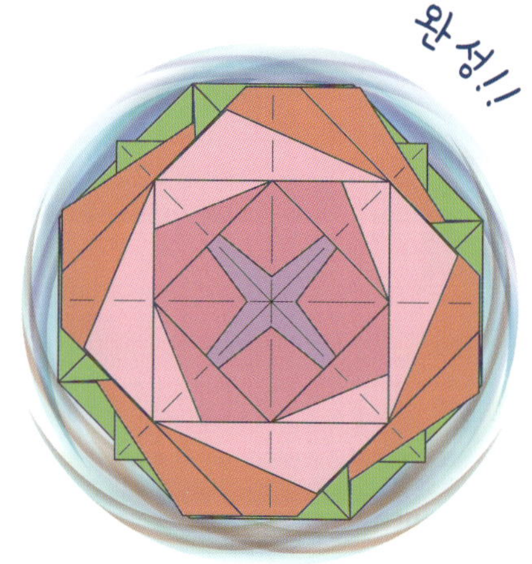

기어 스트라이커
Gear Striker

오차 없는 완벽한 맞물림,
최후의 일격을 향해
거침없이 질주하다

공격력 ★★★★☆
방어력 ★★★★★
지구력 ★★★★☆
균형감 ★★★★★

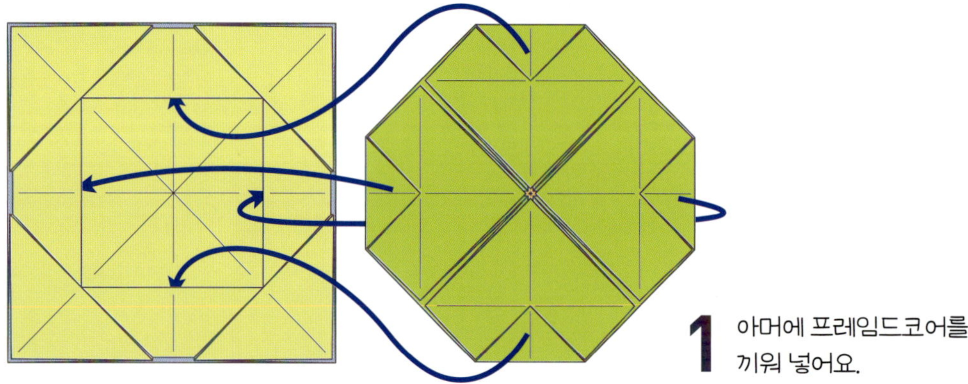

1 아머에 프레임드코어를 끼워 넣어요.

2 벌려 접었던 아머 부분을 모두 펴서 덮어요.

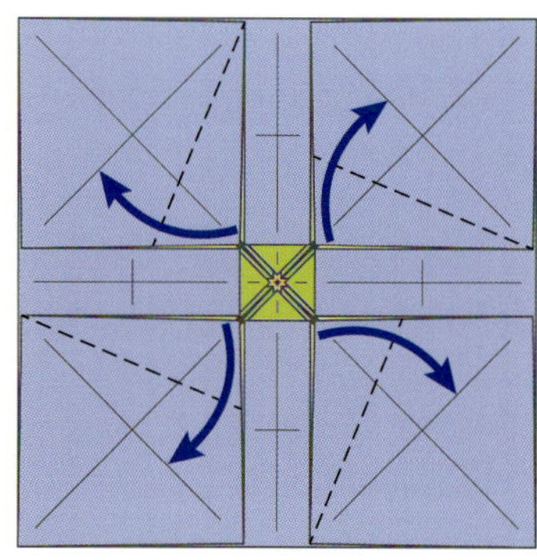

3 보조선에 맞춰 비스듬히 접어요.

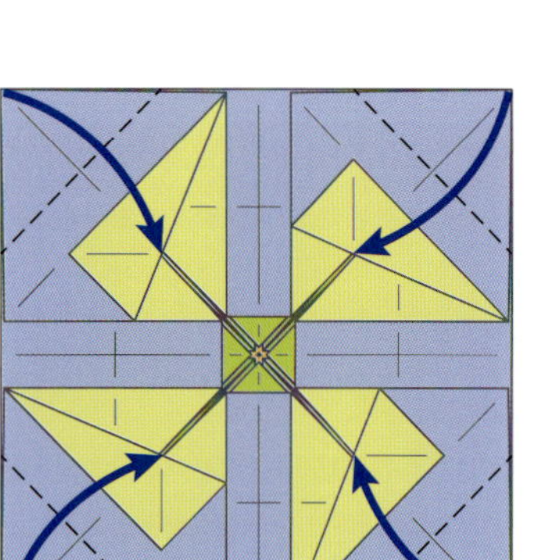

4 보조선 끝에 맞춰 접어요.

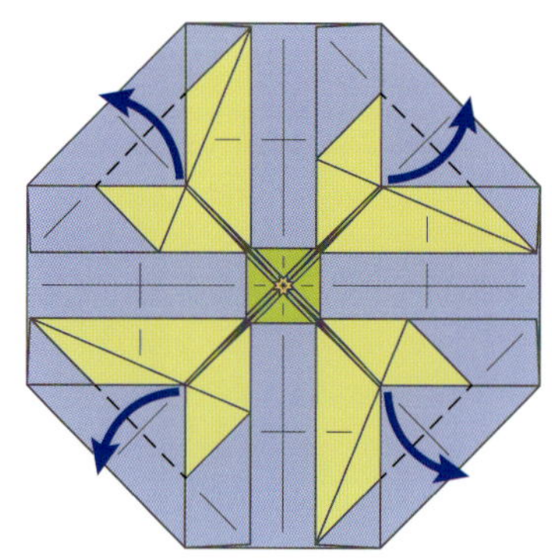

5 뒷겹 가장자리를 따라 밖으로 벌려 접어요.

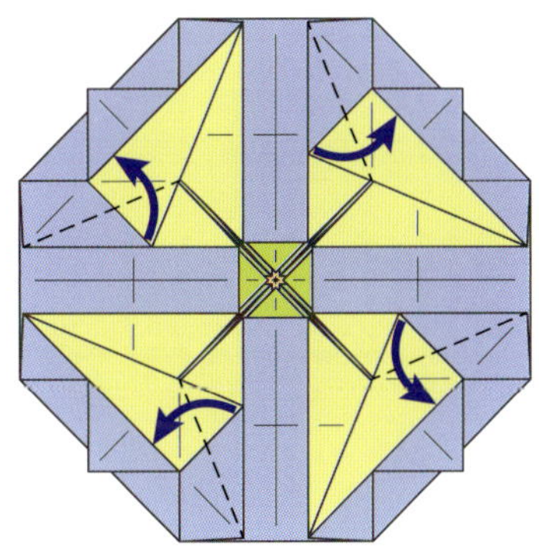

6 가장자리에 맞춰 비스듬히 접어요.

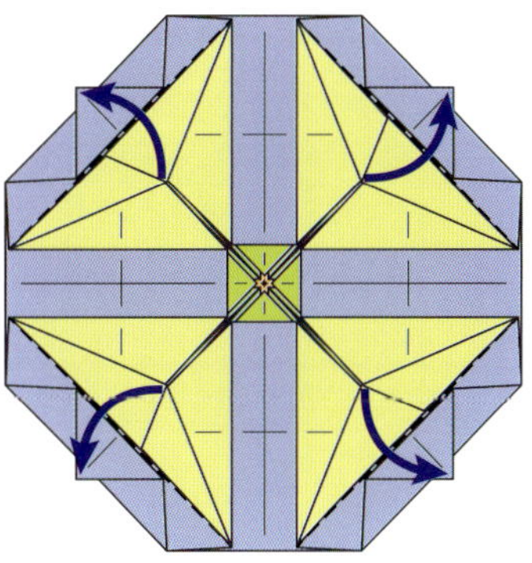

7 보조선을 따라 넘겨 접어요.

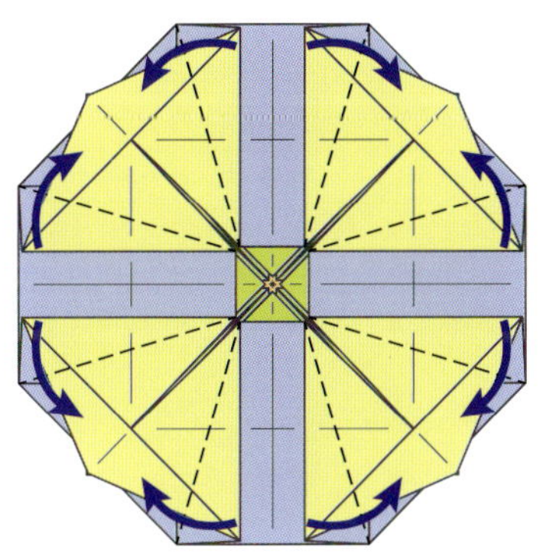

8 끝부분을 잇는 선을 따라 접어요.

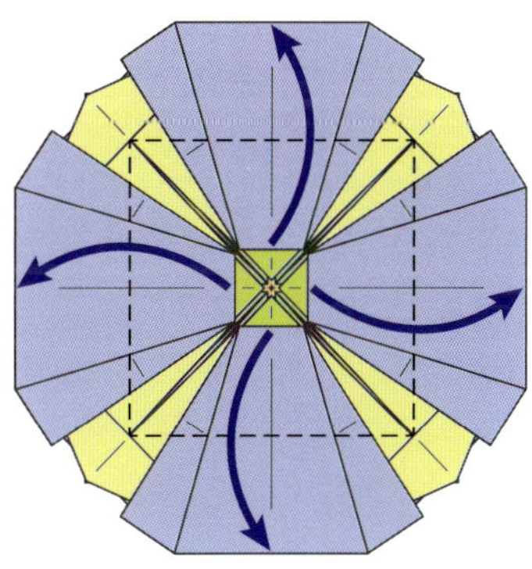

9 보조선을 따라 넘겨 접어요.

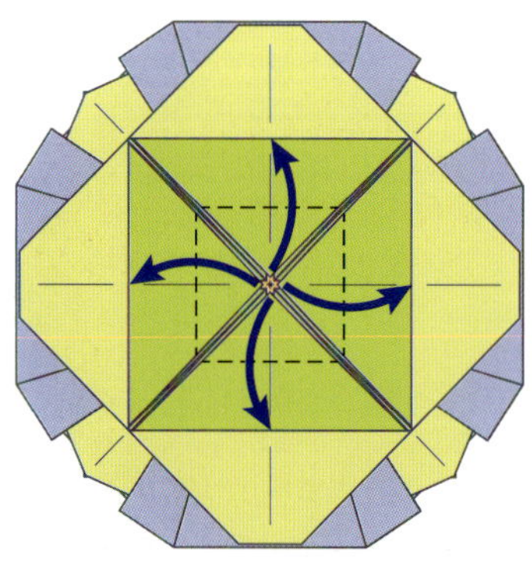

10 프레임 윗겹을 가장자리에 맞춰 접어요.

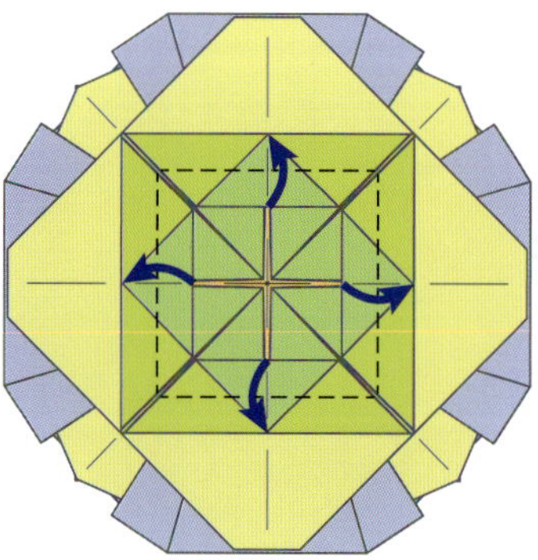

11 가장자리에 맞춰 접어요.

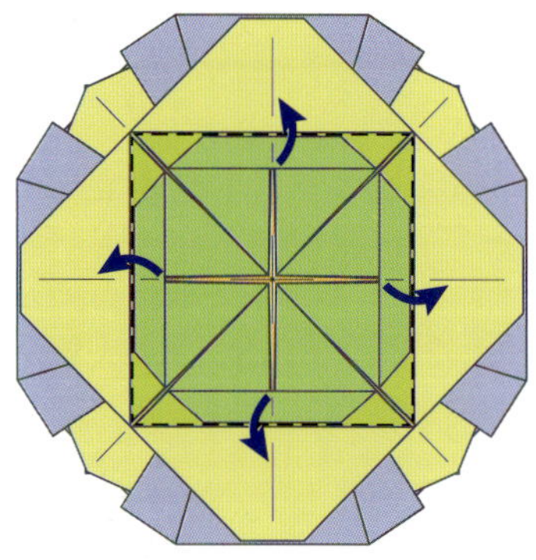

12 가장자리를 따라 밖으로 벌려 접어요.

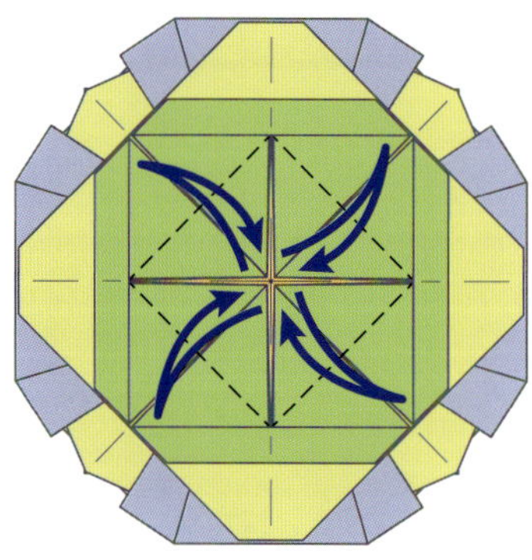

13 프레임 안쪽 겹을 밖으로 벌려 접었다 펴요.

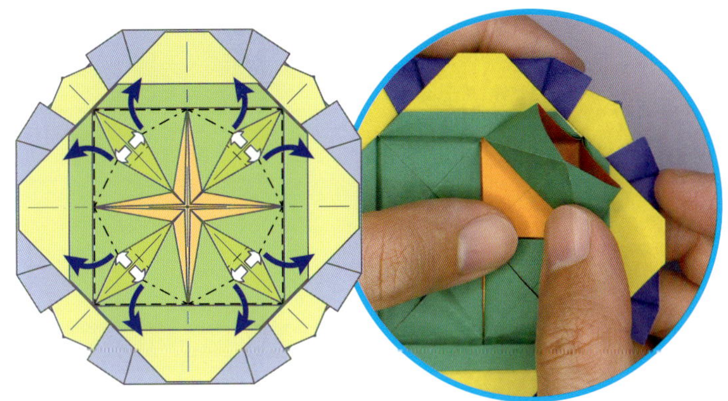

14 안쪽 틈을 벌리며 눌러 접어요.

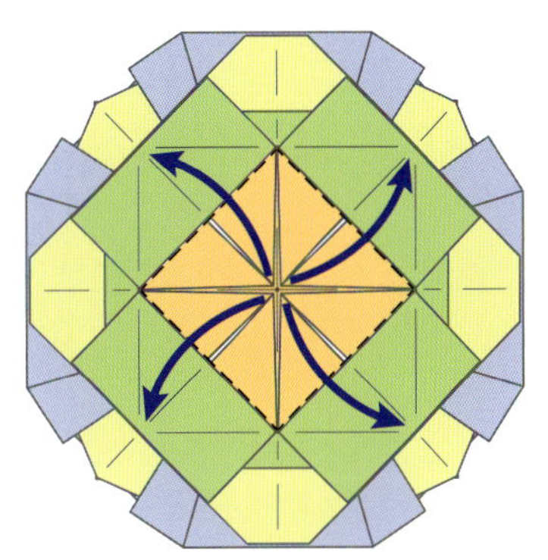

15 코어를 밖으로
벌려 접어요.

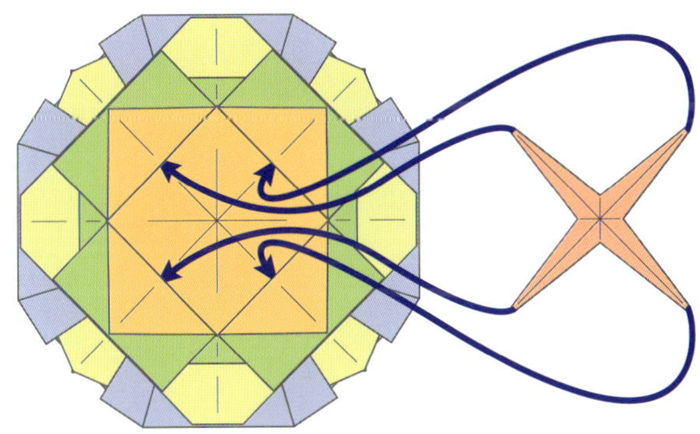

16 그립을 끼워 넣어요.

04 브릭 포트리스
Brick Fortress

단단히 둘러싼 견고한 성채
어떤 공격도 허락지 않는
강철 전사들의 보루

공격력 ★★★★★☆
방어력 ★★★★★☆
지구력 ★★★☆☆☆
균형감 ★★★★☆☆

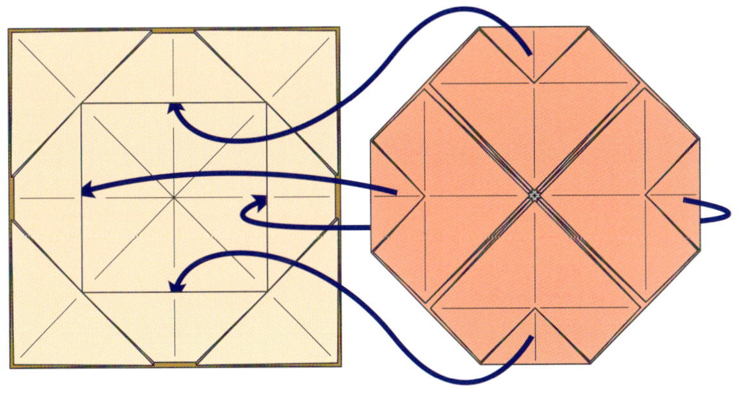

1 아머에 프레임드 코어를 끼워 넣어요.

2 벌려 접었던 아머 부분을 모두 펴서 덮어요.

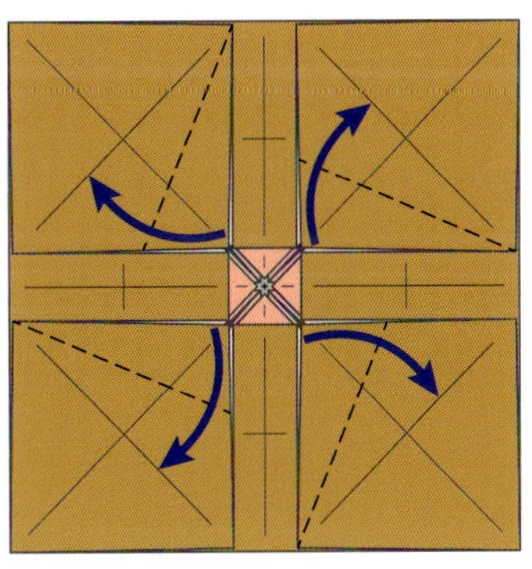

3 보조선에 맞춰 비스듬히 접어요.

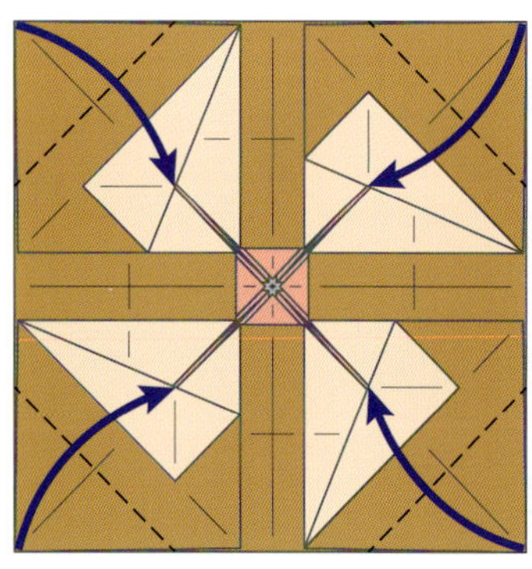

4 보조선 끝에 맞춰 접어요.

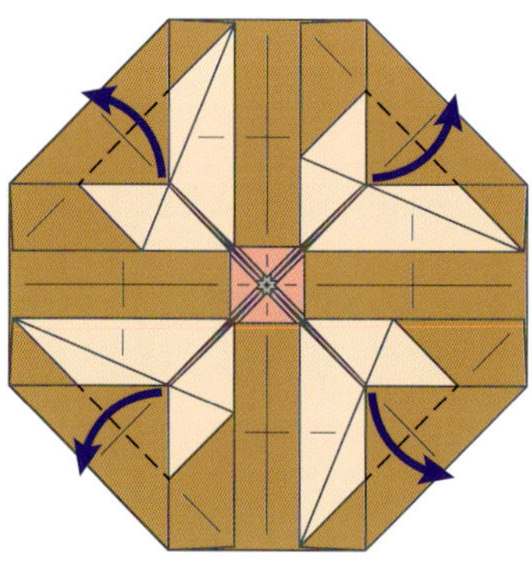

5 뒷겹 가장자리를 따라 밖으로 벌려 접어요.

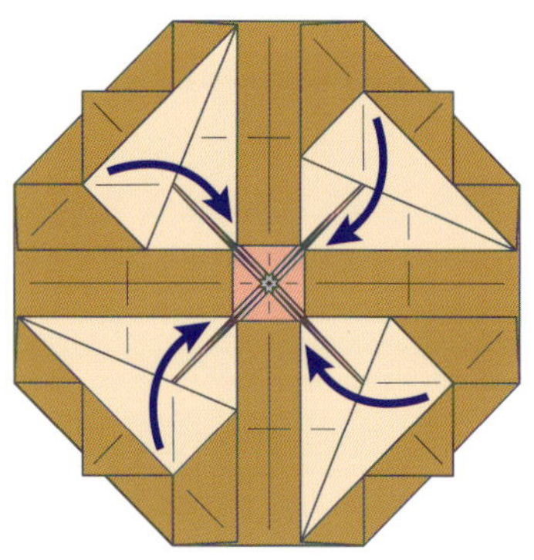

6 윗겹을 펼쳐요.

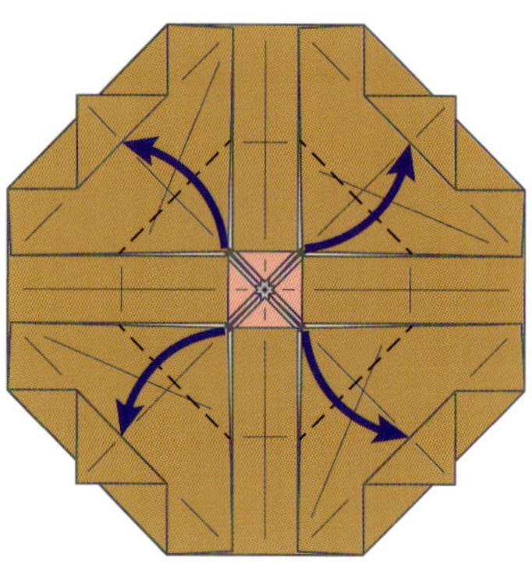

7 가장자리에 맞춰 접어요.

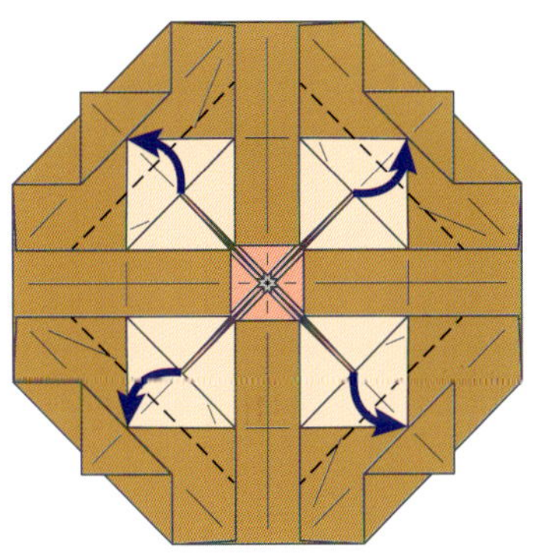

8 가장자리에 맞춰 접어요.

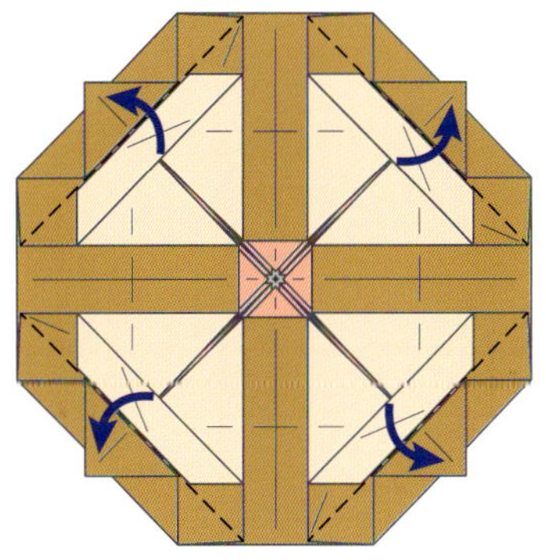

9 보조선을 따라 넘겨 접어요.

10 보조선에 맞춰 접었다 펴요.

11 접었다 편 부분을 안으로 넣어 접어요.

12 보조선에 맞춰 접었다 펴요.

13 접었다 편 부분을 안으로 넣어 접어요.

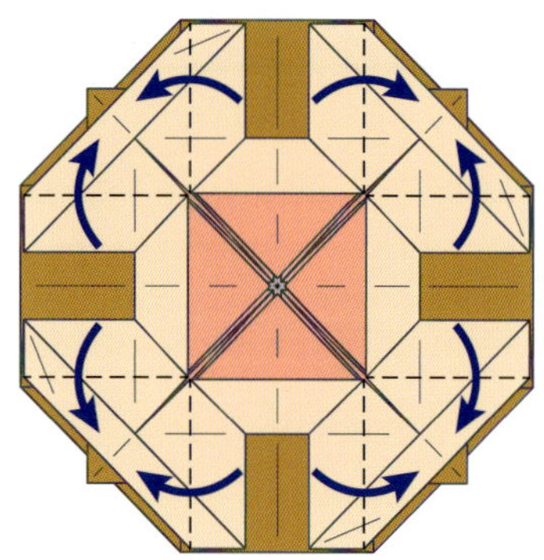

14 끝부분을 잇는 선을 따라 접어요.

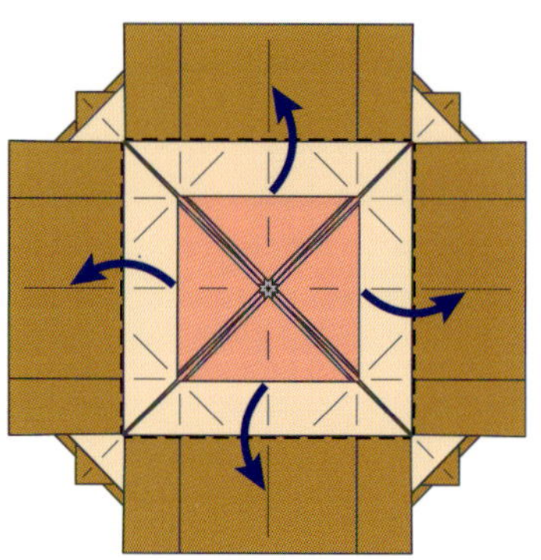

15 가장자리를 따라 넘겨 접어요.

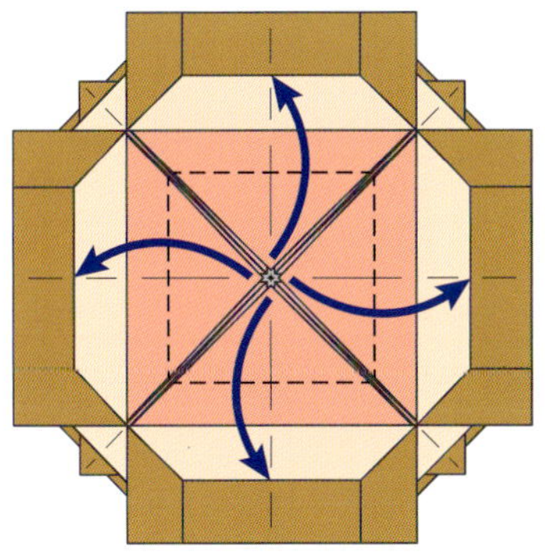

16 프레임 윗겹을 가장자리에
맞춰 접어요.

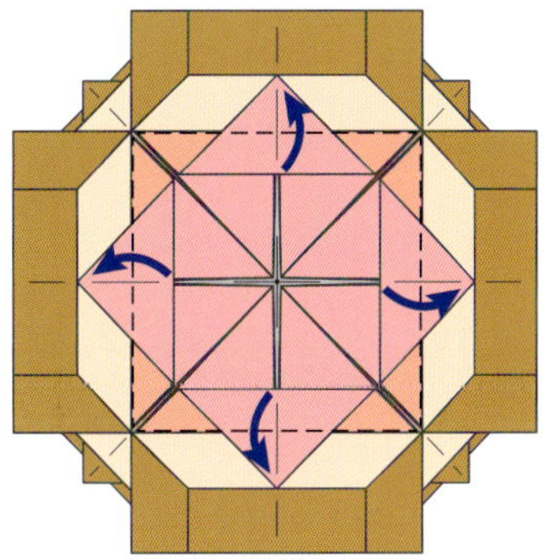

17 가장자리를 따라 접어요.

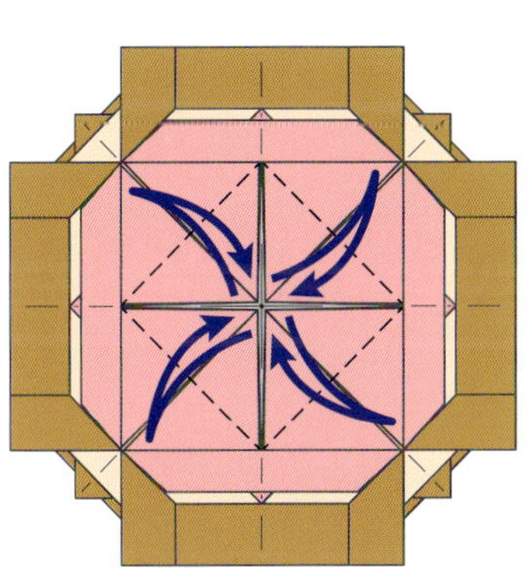

18 프레임 안쪽 겹을 밖으로 벌려
접었다 펴요.

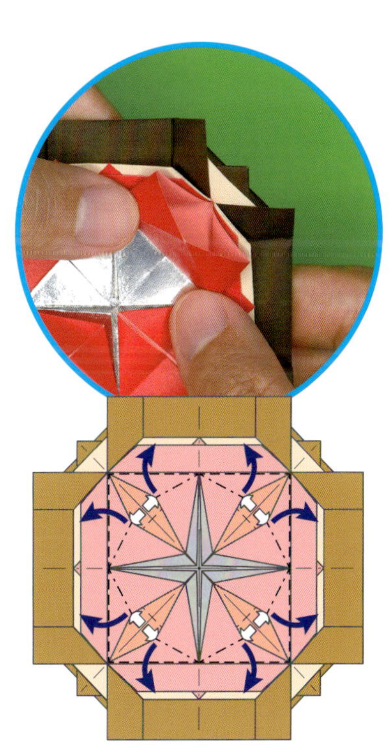

19 안쪽 틈을 벌리며 눌러 접어요.

20
코어를 밖으로
벌려 접어요.

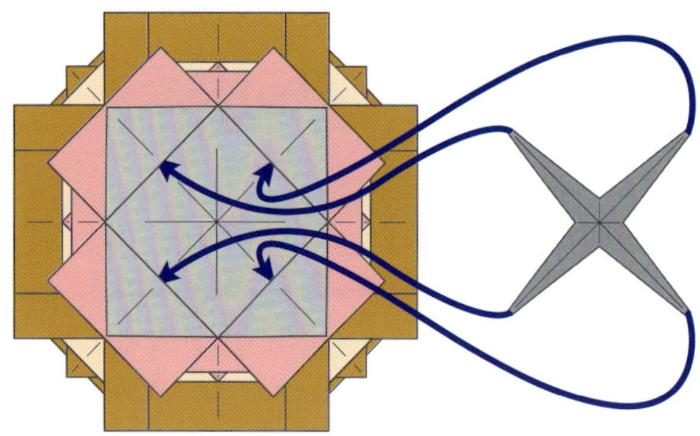

21 그립을 끼워 넣어요.

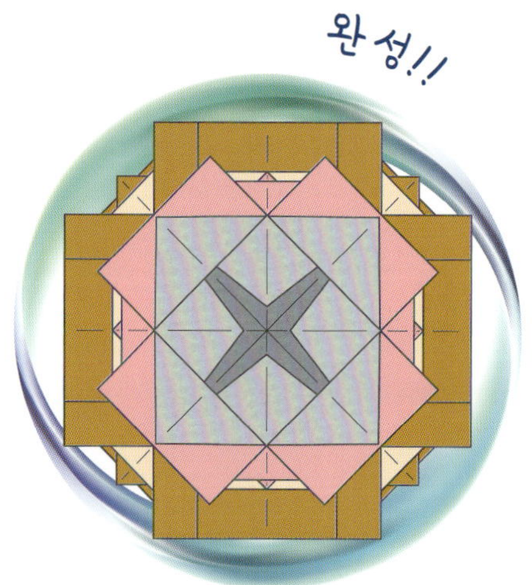

완 성!!

에코 마스터
Echo Master

숲 위로 부서지는 햇살,
바람을 타고 퍼져 나가는
태초의 싱그러움

공격력 ★★★☆☆
방어력 ★★★★☆
지구력 ★★★★★☆
균형감 ★★★★★

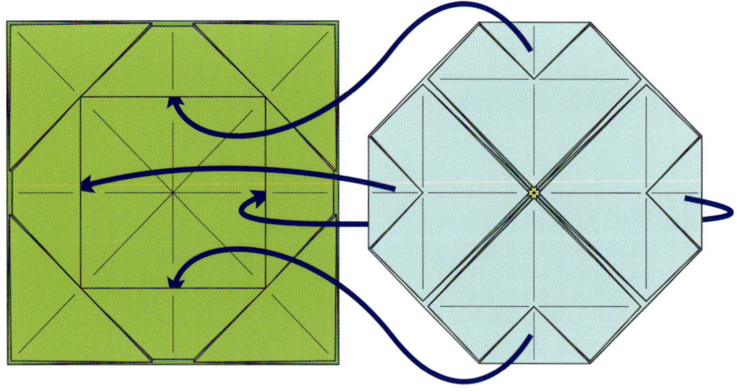

1 아머에 프레임드코어를 끼워 넣어요.

2 벌려 접었던 아머 부분을
모두 펴서 덮어요.

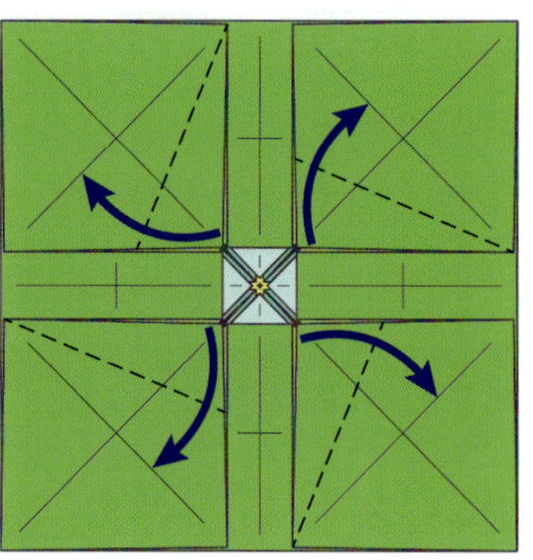

3 보조선에 맞춰 비스듬히 접어요.

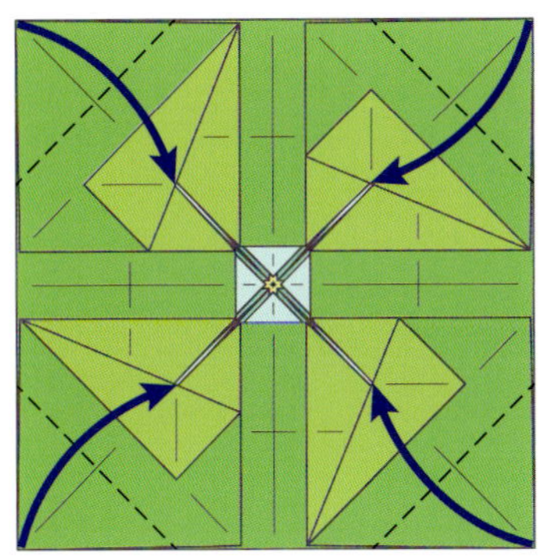

4 보조선 끝에 맞춰 접어요.

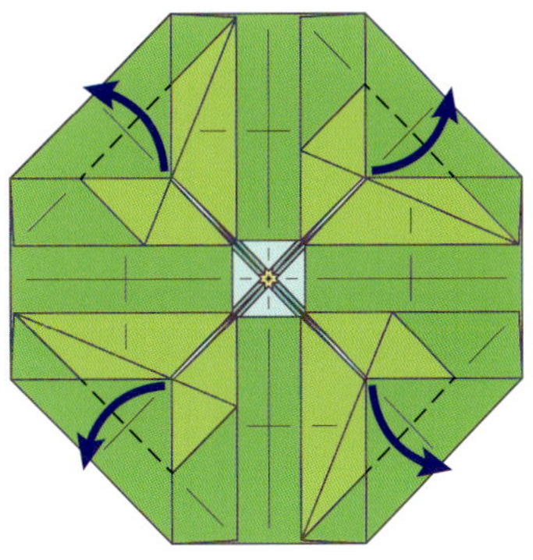

5 뒷겹 가장자리를 따라 밖으로 벌려 접어요.

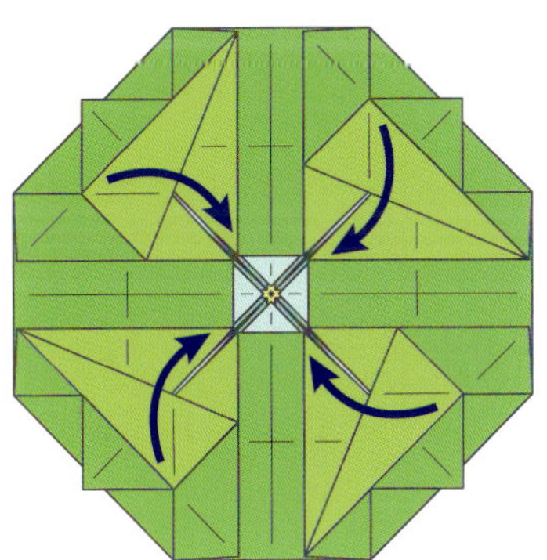

6 윗겹을 펼쳐요.

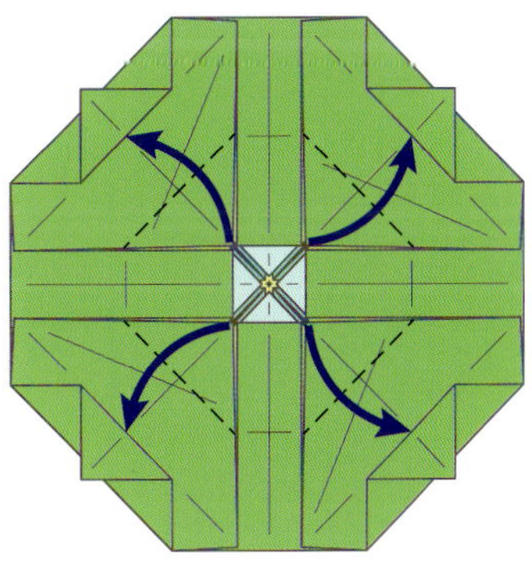

7 가장자리에 맞춰 접어요.

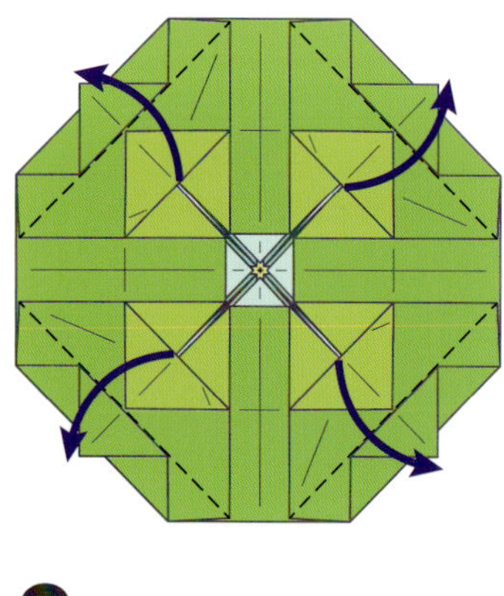

8 보조선을 따라 넘겨 접어요.

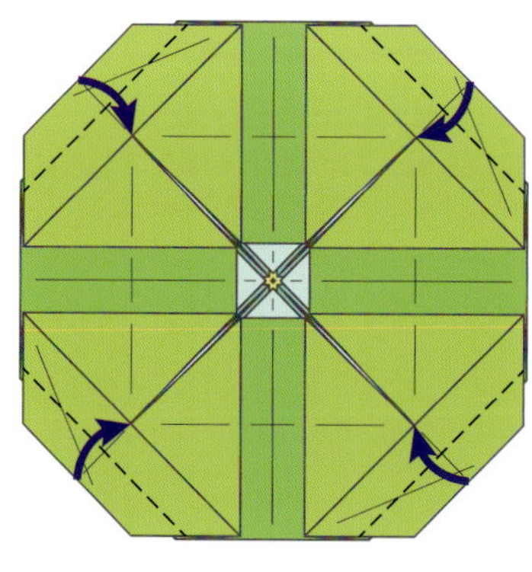

9 가장자리에 맞춰 접어요.

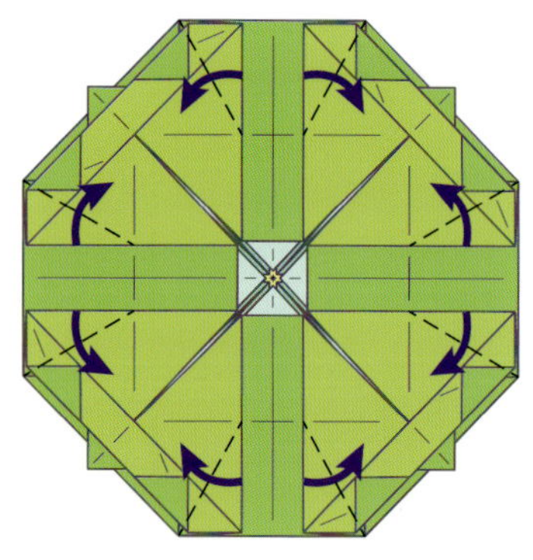

10 보조선 끝을 기준으로 접어요.

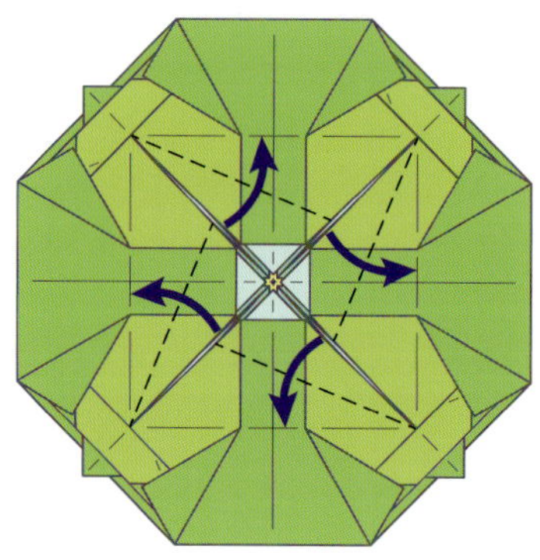

11 보조선에 맞춰 비스듬히 접어요.

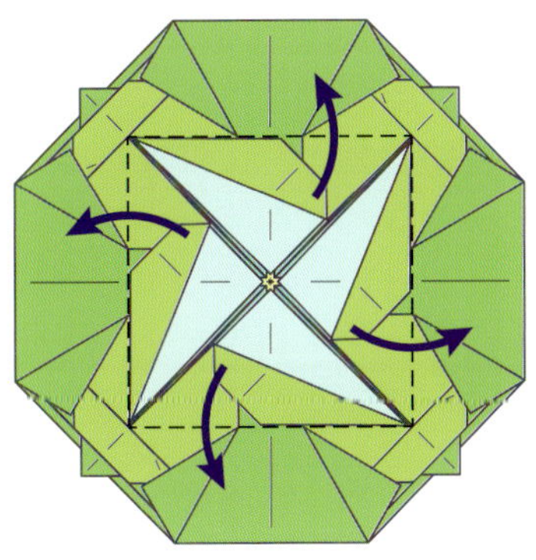

12 보조선을 따라 넘겨 접어요.

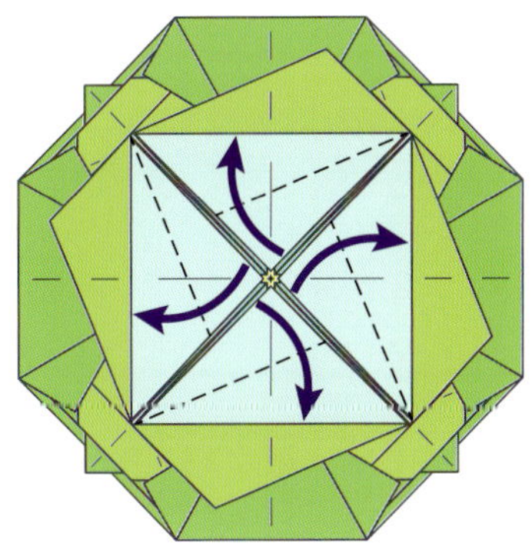

13 프레임 윗겹을 가장자리에 맞춰 비스듬히 접어요.

14 가장자리를 따라 밖으로 벌려 접어요.

15 프레임 안쪽 겹을 밖으로 벌려 접었다 펴요.

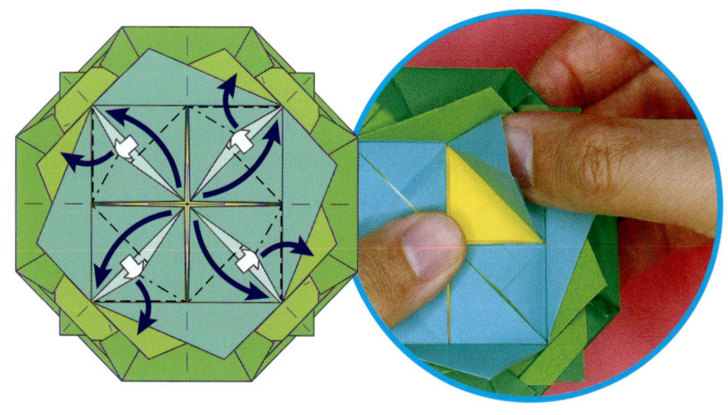

16 안쪽 틈을 벌리며 눌러 접어요.

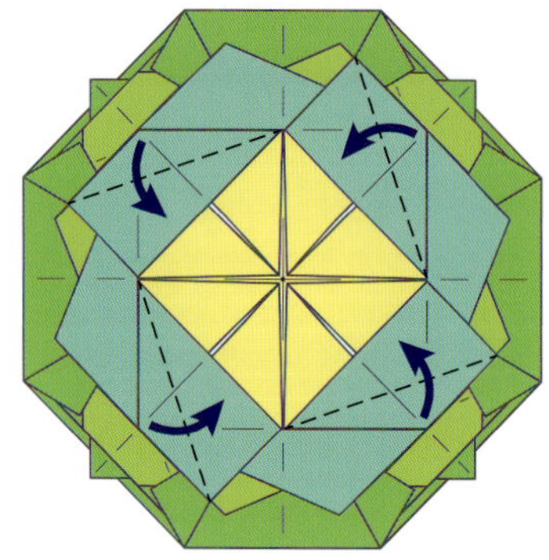

17 윗겹의 대각선을 따라 접어요.

18 코어를 밖으로 벌려 접어요.

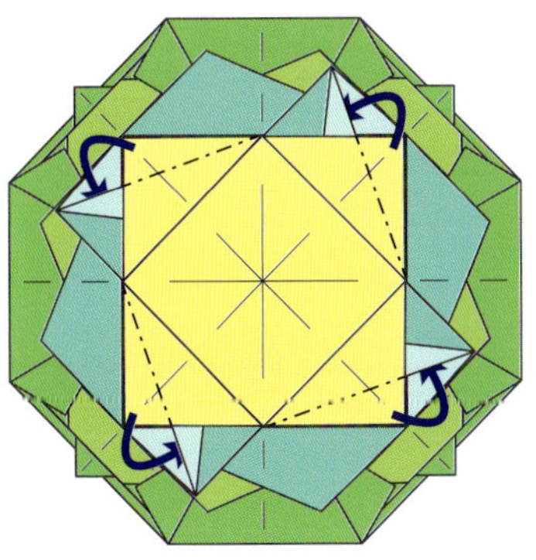

19 뒤쪽 가장자리를 따라 산 접기를 해요.

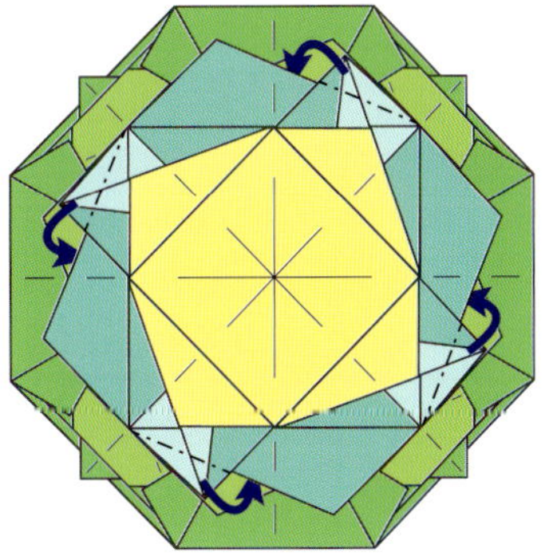

20 뒤쪽 가장자리를 따라 산 접기를 해요.

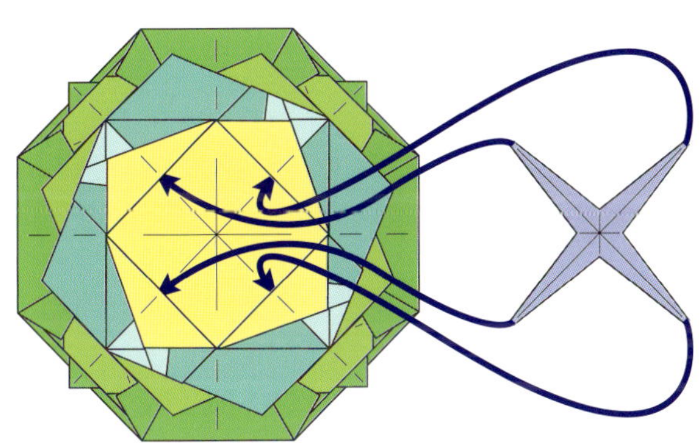

21 그립을 끼워 넣어요.

PART 5
특수형

레이저 스톰

기간틱 캐슬

슈프림 윙

볼텍스 오버로드

오메가 스타

01 레이저 스톰
Razor Storm

한가운데 고요를 품고도
하늘을 뚫을 듯
매서운 기세로 내달리다

공격력 ★★★★★★
방어력 ★★★★★★
지구력 ★★★★★★
균형감 ★★★★★★

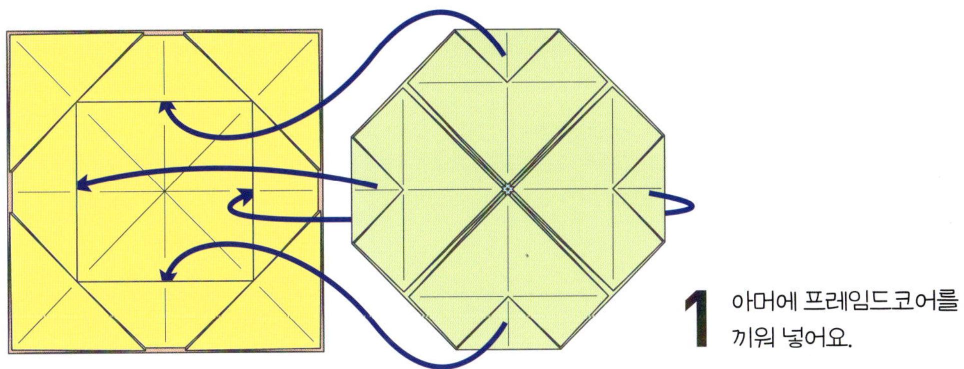

1 아머에 프레임드코어를
끼워 넣어요.

2 벌려 접었던 아머 부분을
모두 펴서 덮어요.

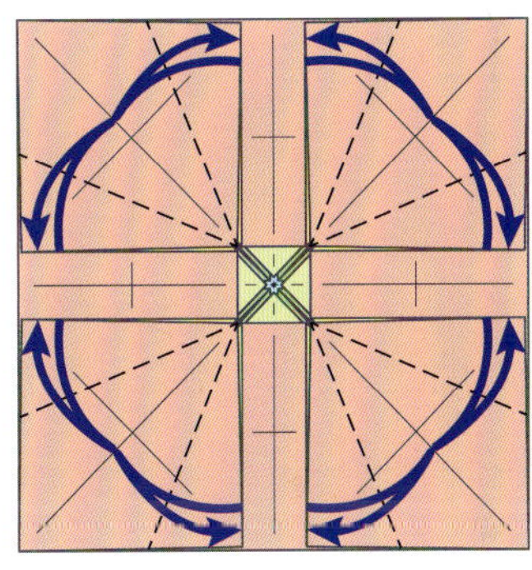

3 보조선에 맞춰 접었다 펴요.

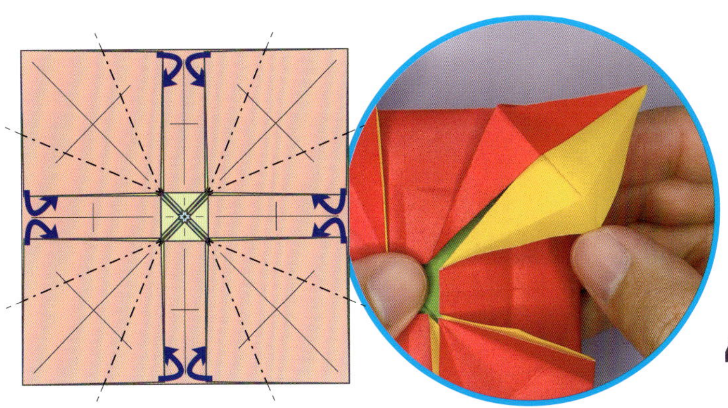

4 접었다 편 부분을 안으로
넣어 접어요.

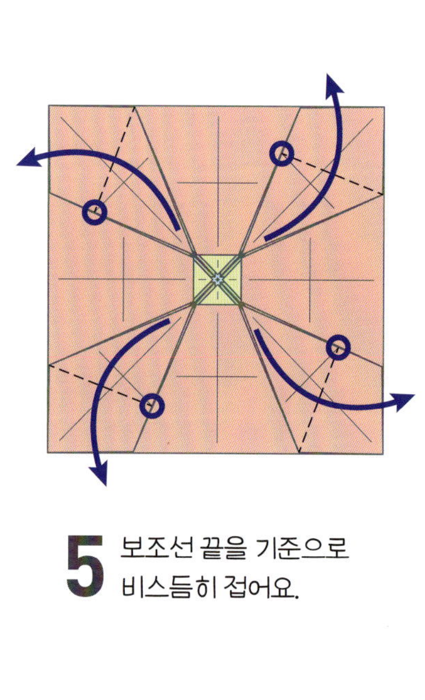

5 보조선 끝을 기준으로
비스듬히 접어요.

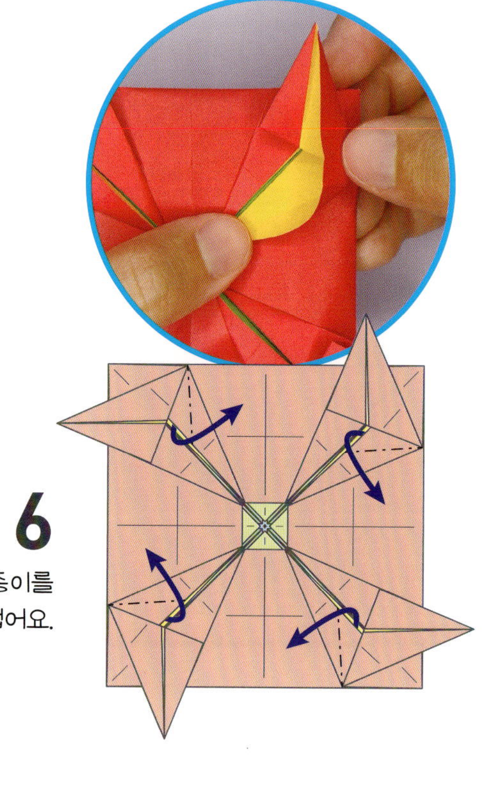

6 안쪽 틈을 벌려 종이를
꺼내서 눌러 접어요.

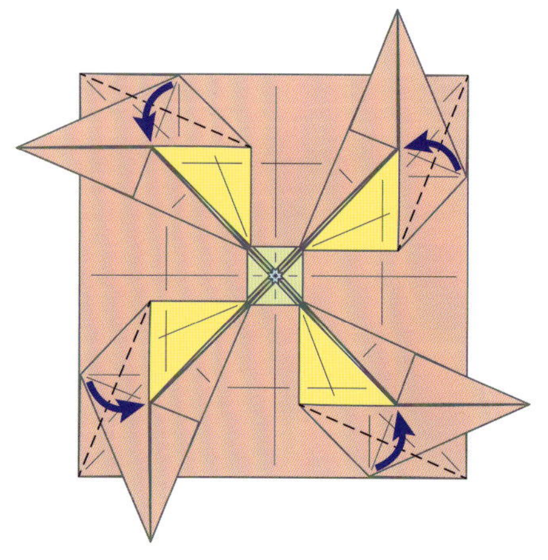

7 가장자리끼리 만나도록 접어요.

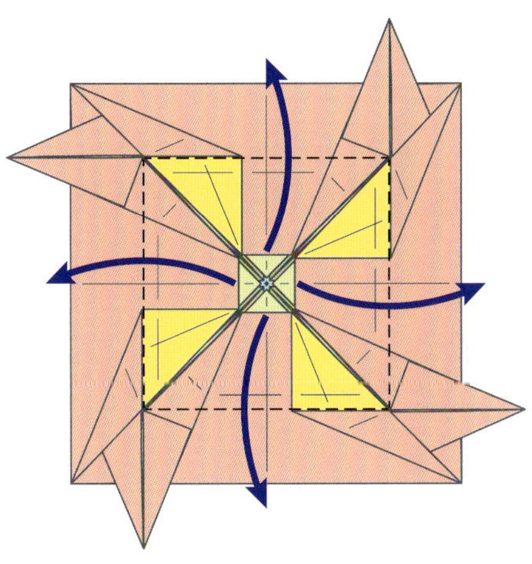

8 가장자리를 따라 밖으로 벌려 접어요.

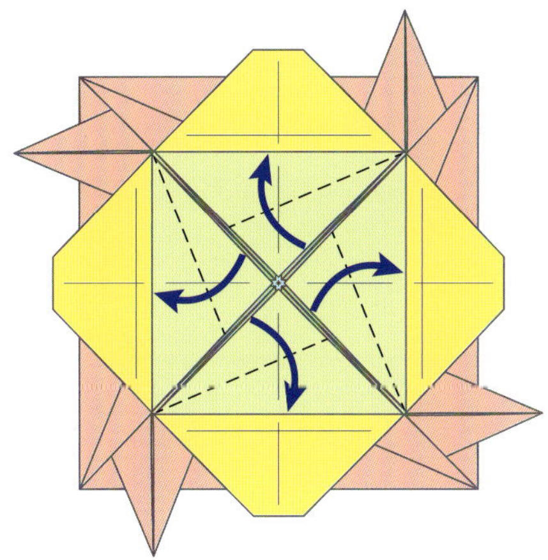

9 프레임 윗겹을 가장자리에 맞춰 비스듬히 접어요.

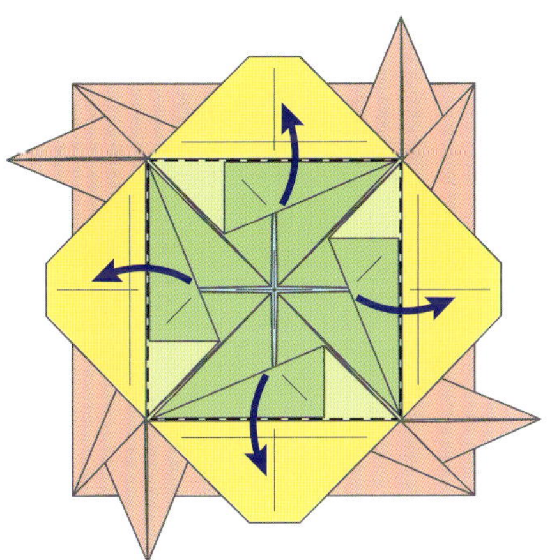

10 가장자리를 따라 밖으로 벌려 접어요.

11 프레임 안쪽 겹을 밖으로 벌려 접었다 펴요.

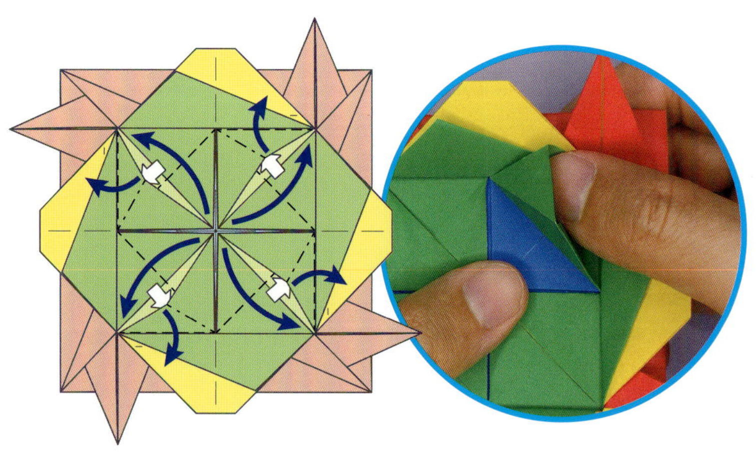

12 안쪽 틈을 벌리며 눌러 접어요.

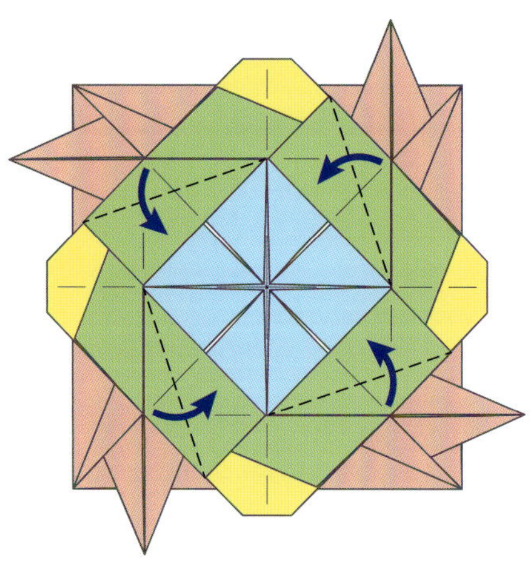

13 윗겹의 대각선을 따라 접어요.

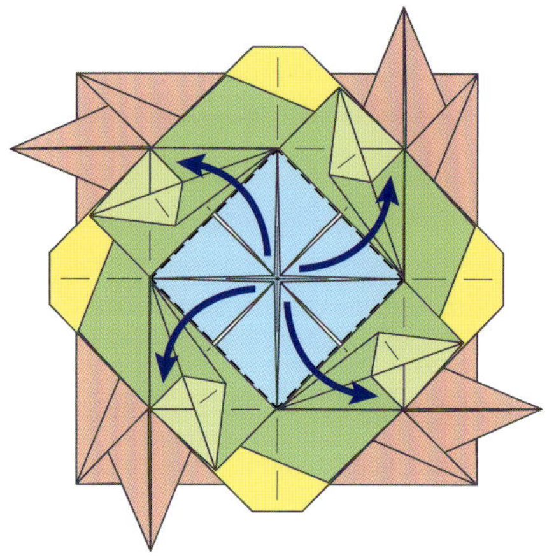

14 코어를 밖으로 벌려 접어요.

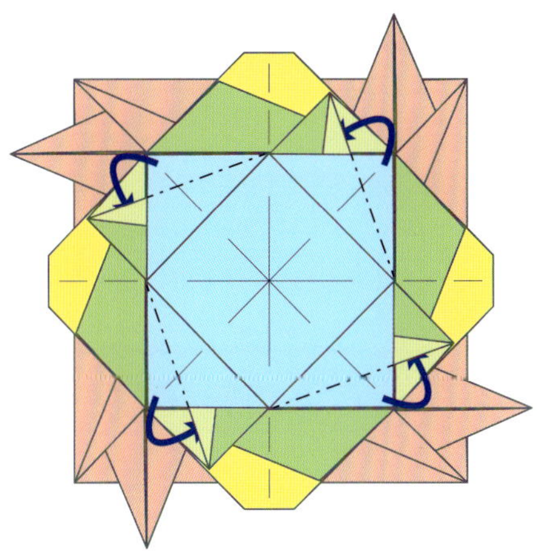

15 뒤쪽 가장자리를 따라
산 접기를 해요.

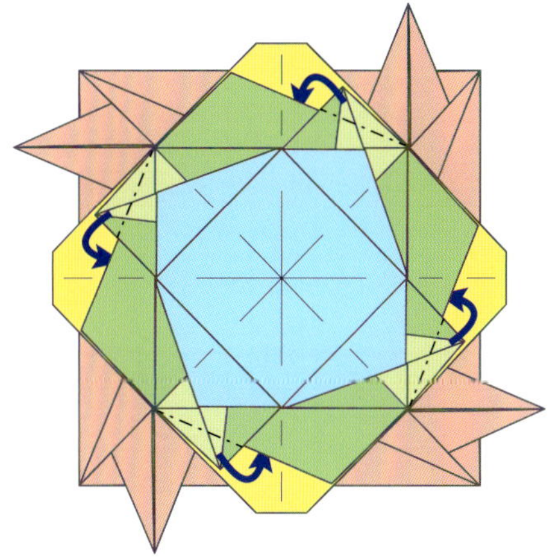

16 뒤쪽 가장자리를 따라
산 접기를 해요.

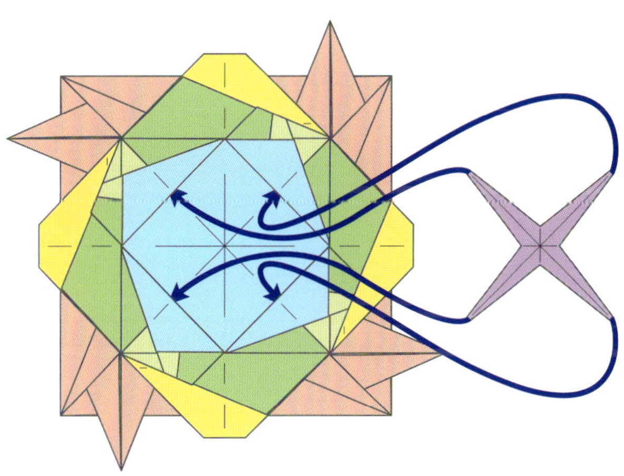

17 그립을 끼워 넣어요.

02 기간틱 캐슬
Gigantic Castle

사방으로 뻗은 망루와
결코 무너지지 않는 성벽,
웅장하게 펼쳐진 전설의 요람

공격력 ★★★★★☆
방어력 ★★★★★★
지구력 ★★★☆☆☆
균형감 ★★★★★★

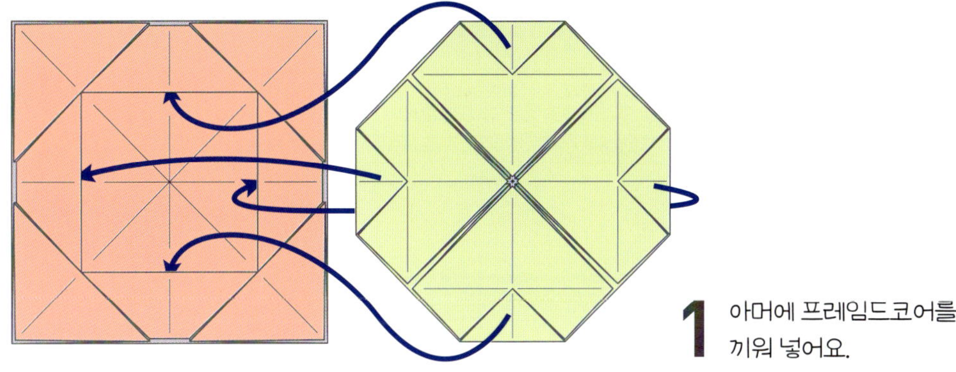

1 아머에 프레임드코어를
끼워 넣어요.

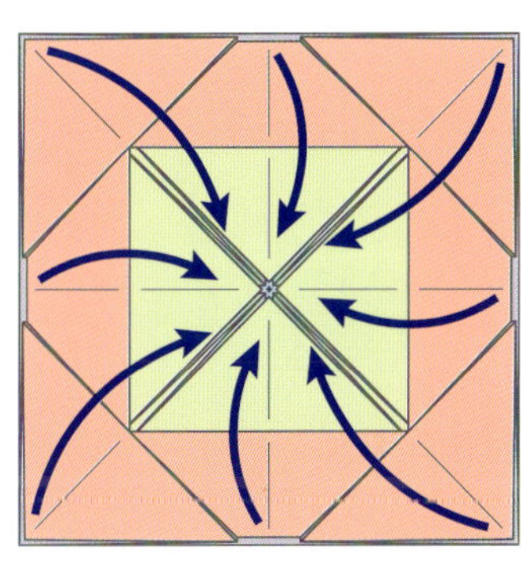

2 벌려 접었던 아머 부분을
모두 펴서 덮어요.

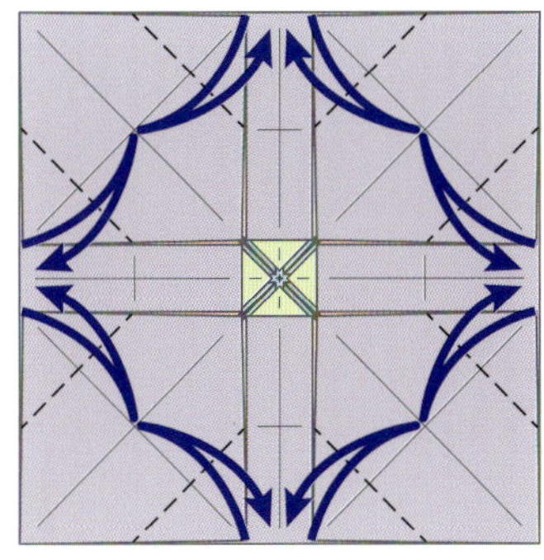

3 보조선이 교차하는 곳에 맞춰
접었다 펴요.

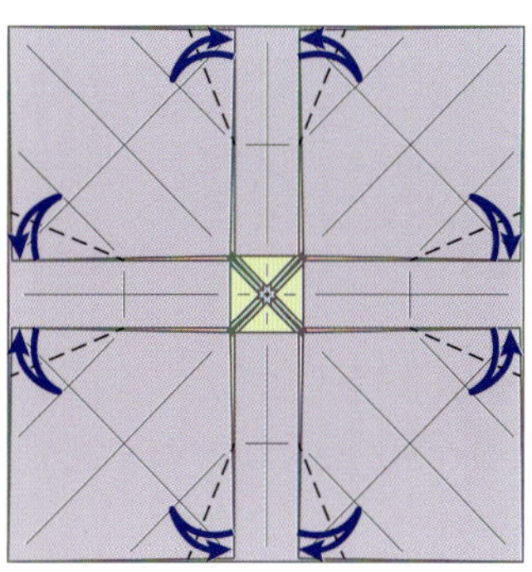

4 보조선에 맞춰 접었다 펴요.

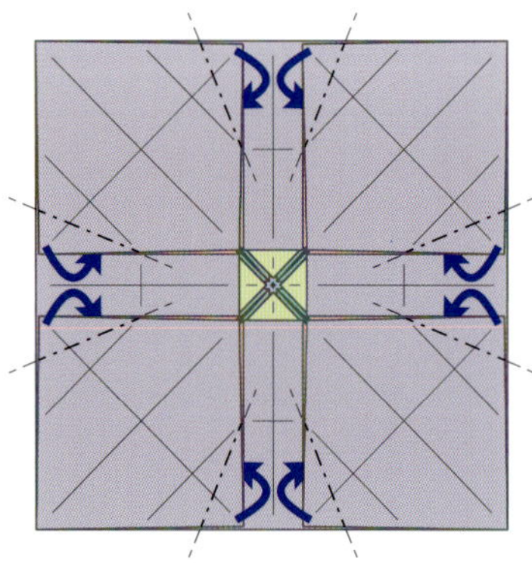

5 접었다 편 부분을 안으로 넣어 접어요.

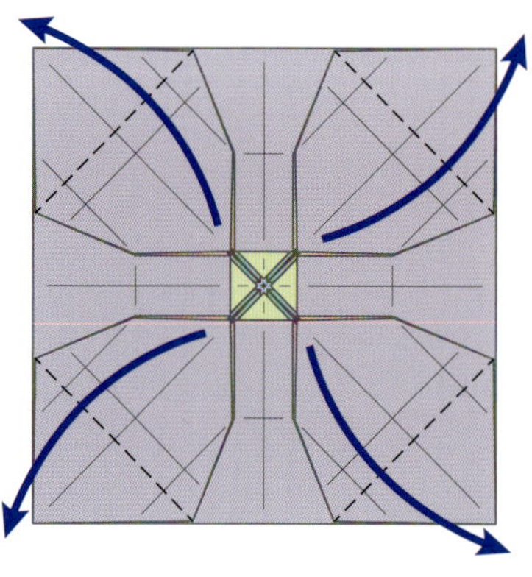

6 밖으로 벌려 접어요.

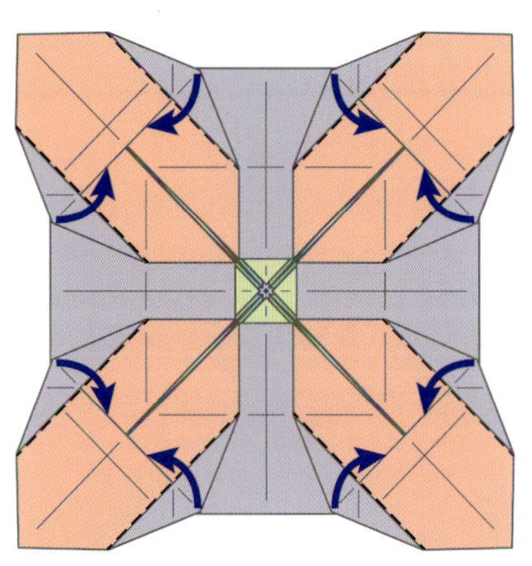

7 보조선을 따라 접어요.

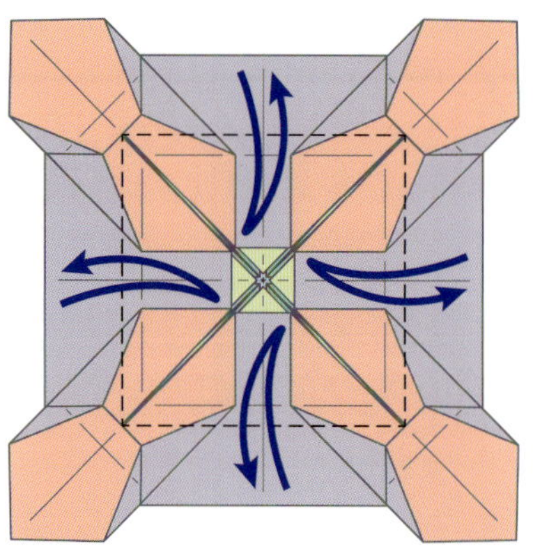

8 밖으로 벌려 접었다 펴요.

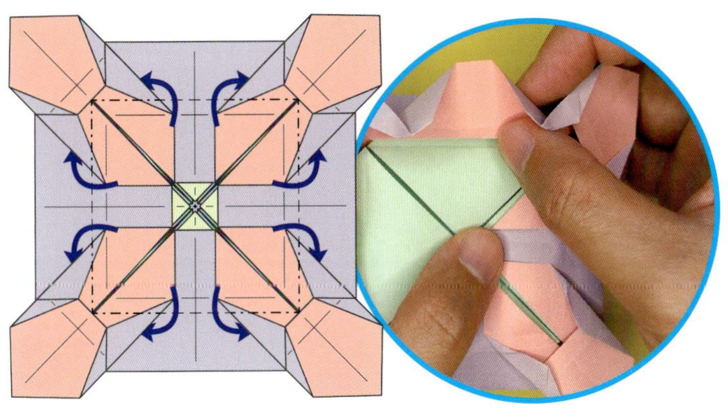

9 접었다 편 부분을 안으로
넣어 접어요.

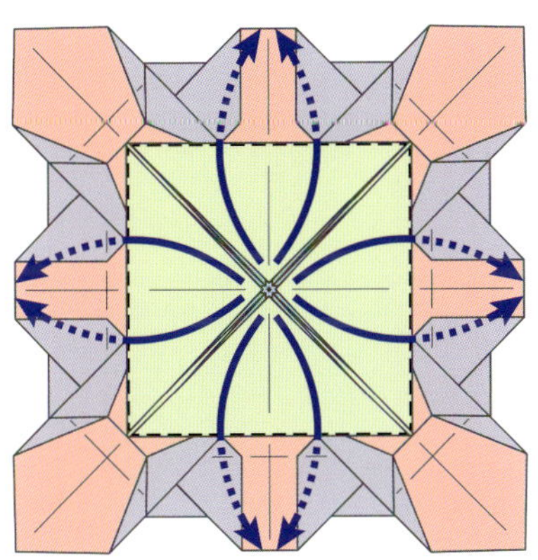

10 프레임 윗겹을 가장자리를 따라 아머
안쪽 틈으로 벌려 접어요.

11 프레임 안쪽 겹을 밖으로 벌려
접었다 펴요.

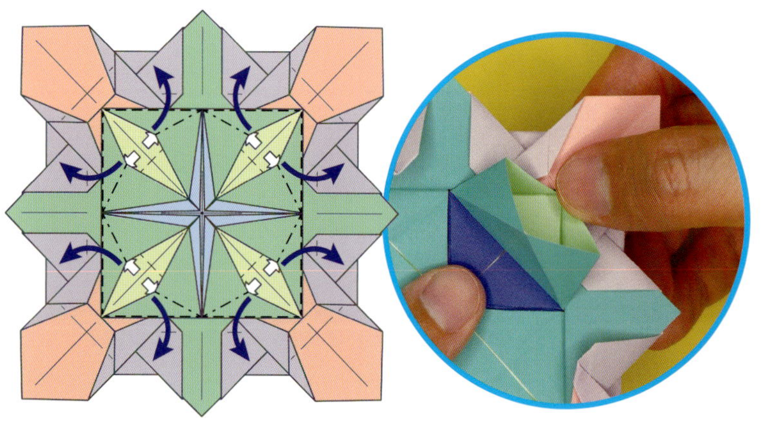

12 안쪽 틈을 벌리며 눌러 접어요.

13 보조선에 맞춰 접었다 펴요.

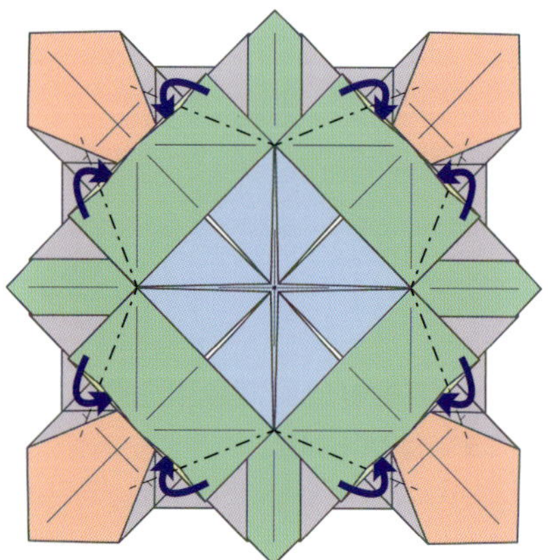

14 접었다 편 부분을 안으로 넣어 접어요.

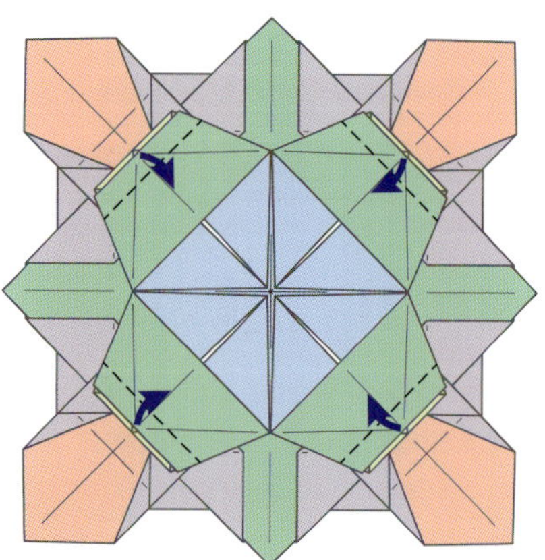

15 안쪽 걸리는 부분까지 최대한 당겨 접어요.

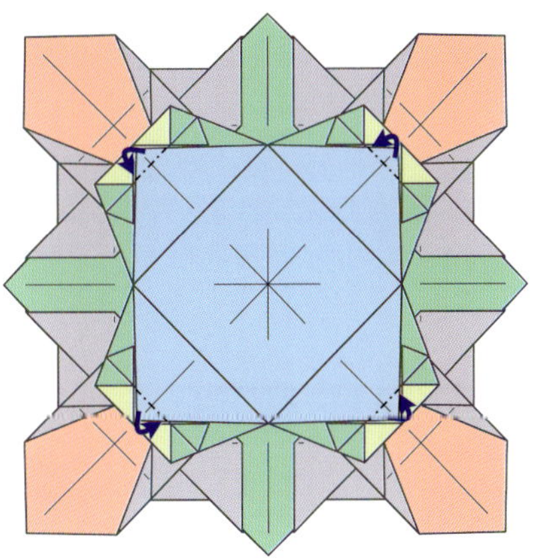

16 코어를 밖으로 벌려 접어요.

17 뒤쪽 가장자리를 따라 산 접기를 해요.

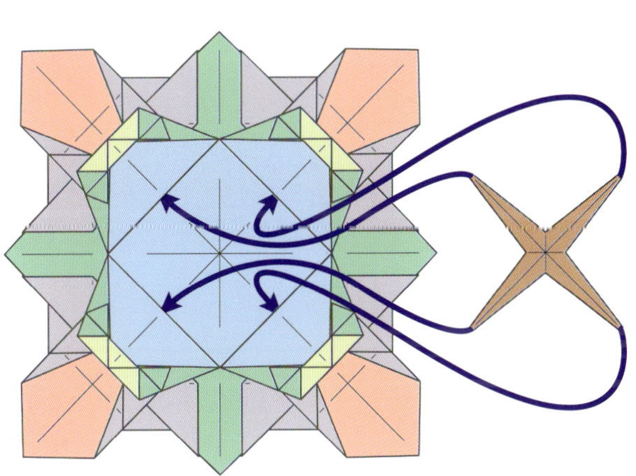

18 그립을 끼워 넣어요.

03

슈프림 윙
Supreme Wing

드넓은 창공을 향해
휘몰아치듯 날아오르는
날개 중의 날개

공격력 ★★★★★☆
방어력 ★★★★☆☆
지구력 ★★★★☆☆
균형감 ★★★★★☆

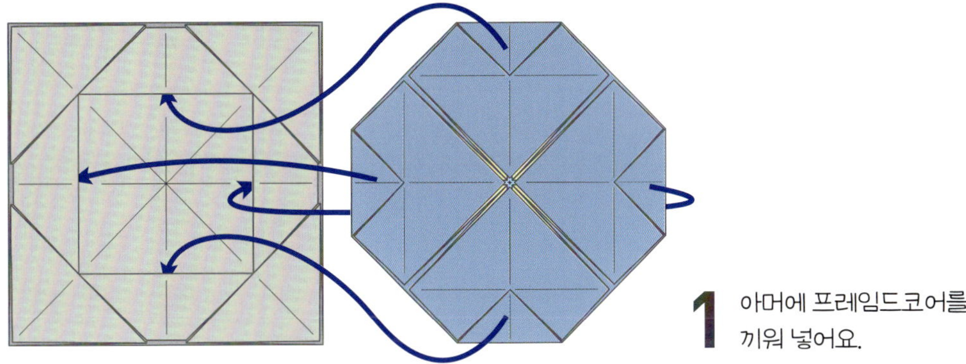

1 아머에 프레임드코어를 끼워 넣어요.

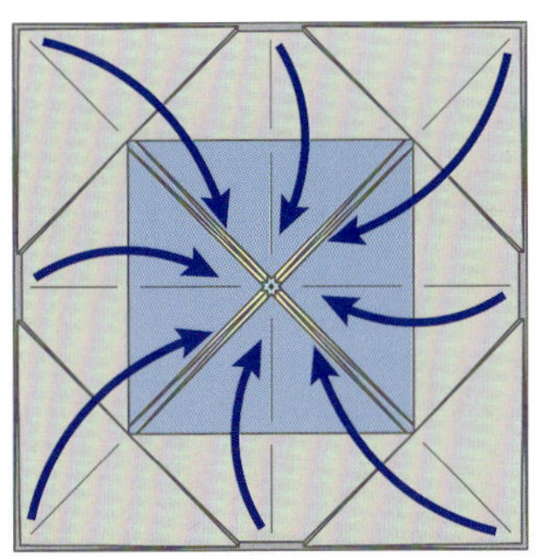

2 벌려 접었던 아머 부분을 모두 펴서 덮어요.

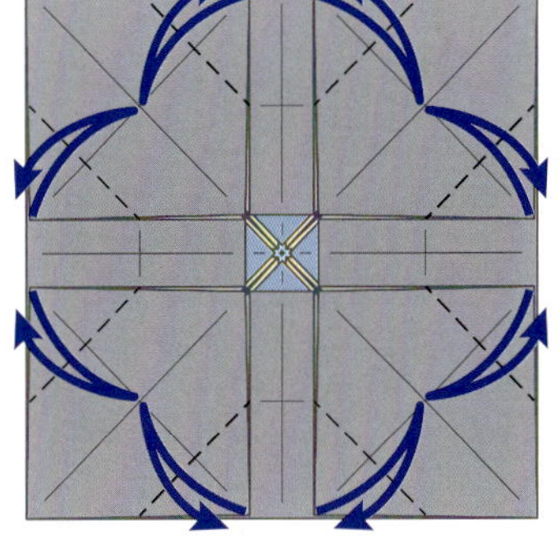

3 보조선이 교차하는 곳에 맞춰 접었다 펴요.

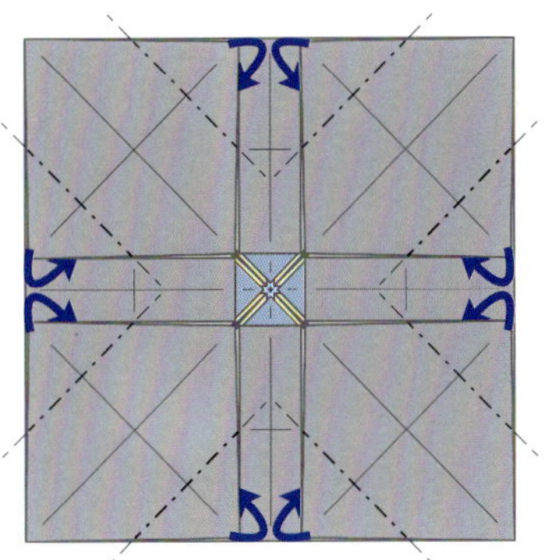

4 접었다 편 부분을 안으로 넣어 접어요.

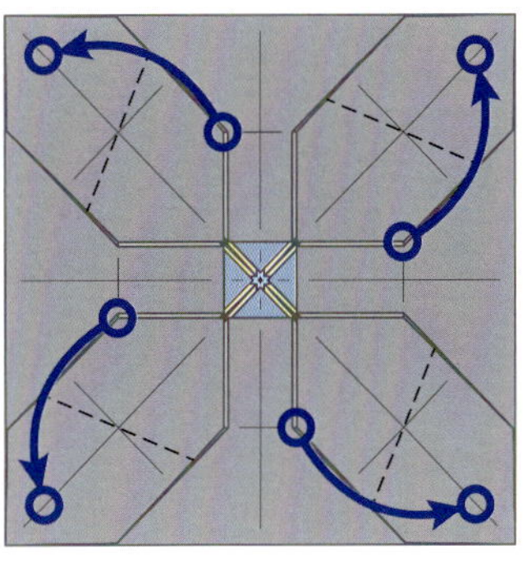

5 꼭짓점이 보조선에 만나도록 접어요.

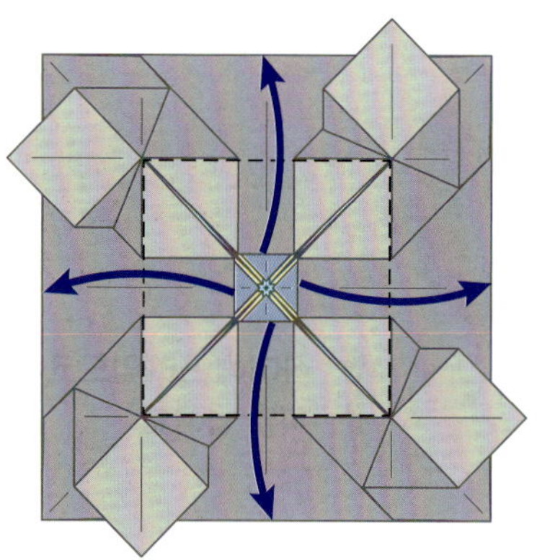

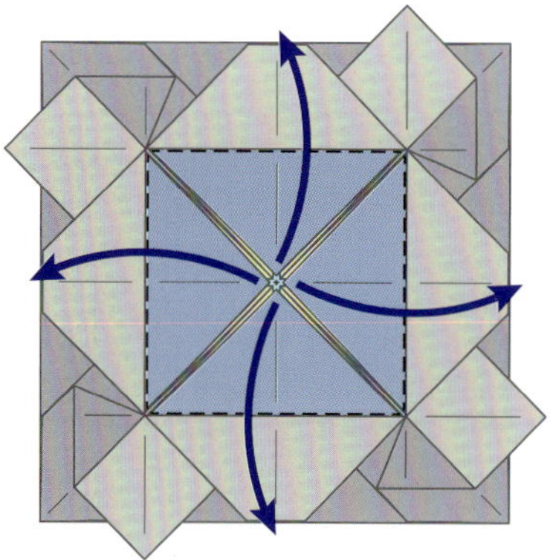

6 보조선을 따라 넘겨 접어요.

7 프레임 윗겹을 가장자리를 따라 밖으로 벌려 접어요.

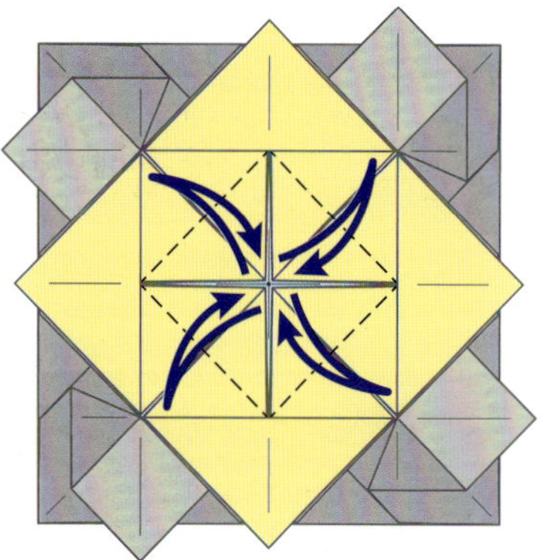

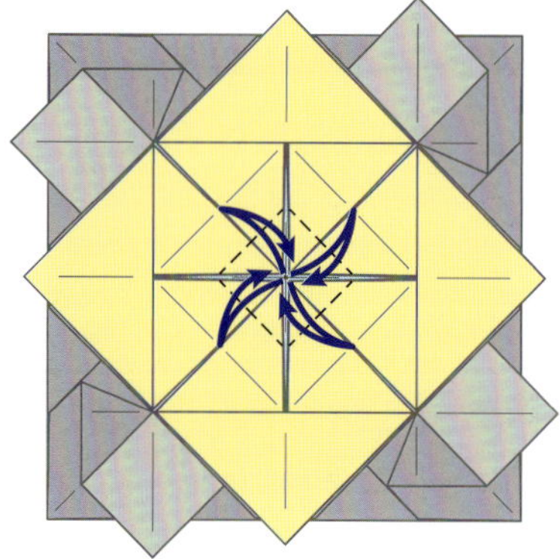

8 프레임 안쪽 겹을 밖으로 벌려 접었다 펴요.

9 보조선에 맞춰 접었다 펴요.

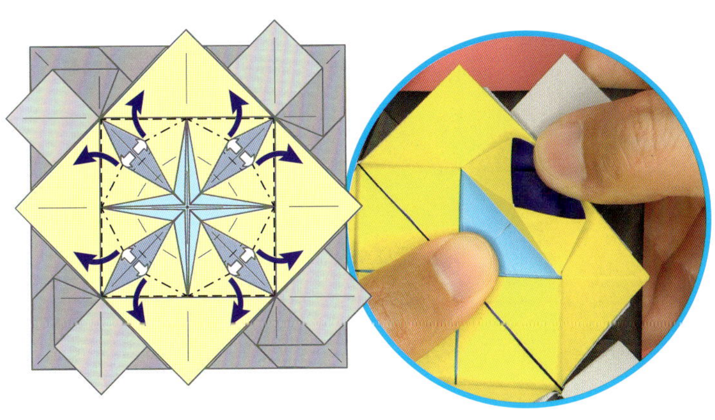

10 안쪽 틈을 벌리며 눌러 접어요.

11 보조선에 맞춰 접었다 펴요.

12 접었다 편 부분을 안으로 넣어 접어요.

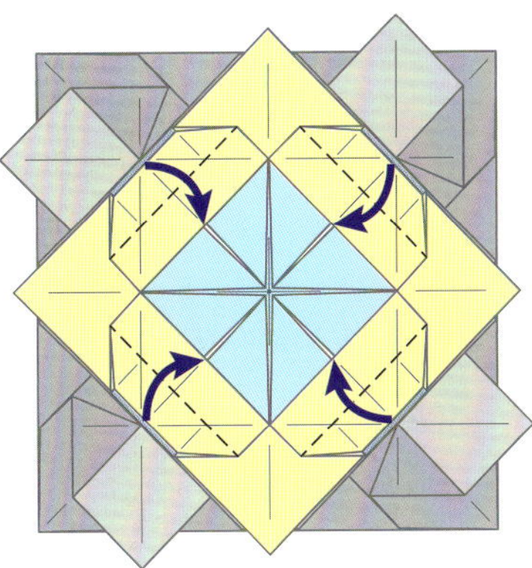

13 보조선을 따라 안쪽으로 접어요.

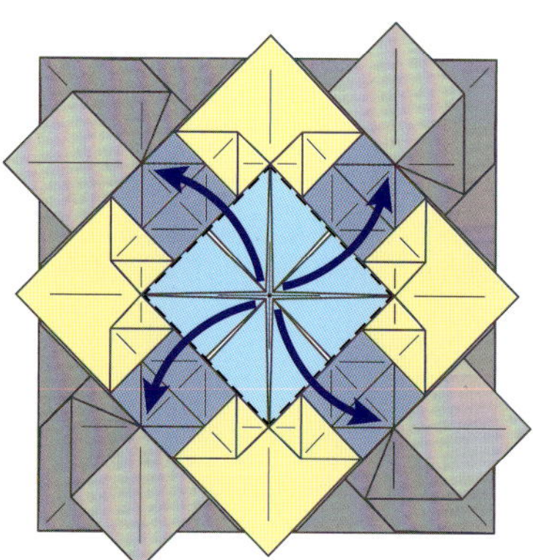

14 코어를 밖으로 벌려 접어요.

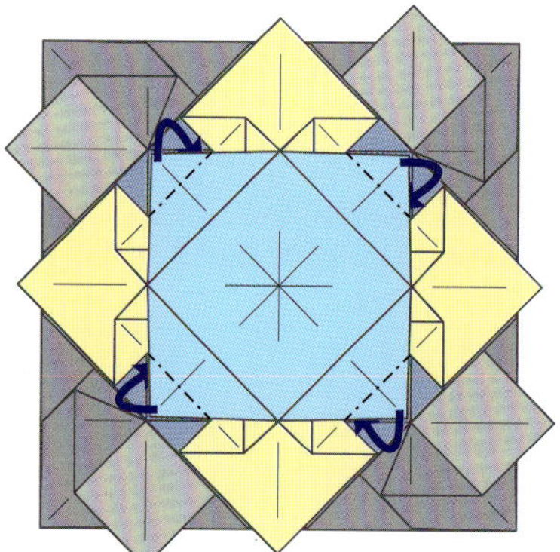

15 뒤쪽 가장자리를 따라 산 접기를 해요.

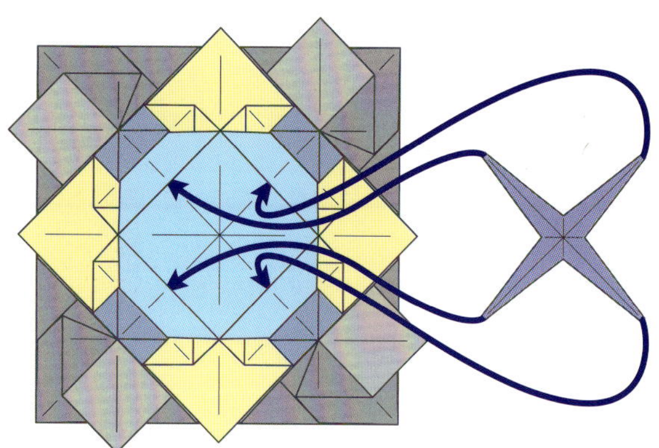

16 그립을 끼워 넣어요.

04
볼텍스 오버로드
Vortex Overload

극강의 한계를 넘어
날개마저 뒤틀려 버린
장대한 소용돌이

공격력 ★★★★☆☆
방어력 ★★★★☆☆
지구력 ★★★☆☆☆
균형감 ★★★★★☆

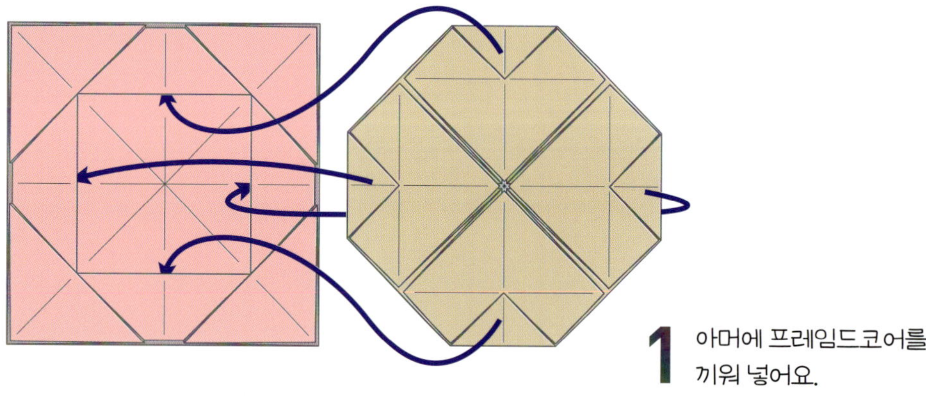

1 아머에 프레임드 코어를
끼워 넣어요.

2 벌려 접었던 아머 부분을
모두 펴서 덮어요.

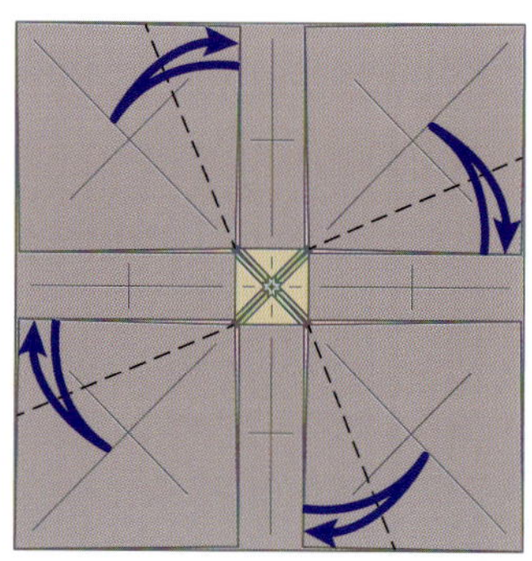

3 보조선에 맞춰 접었다 펴요.

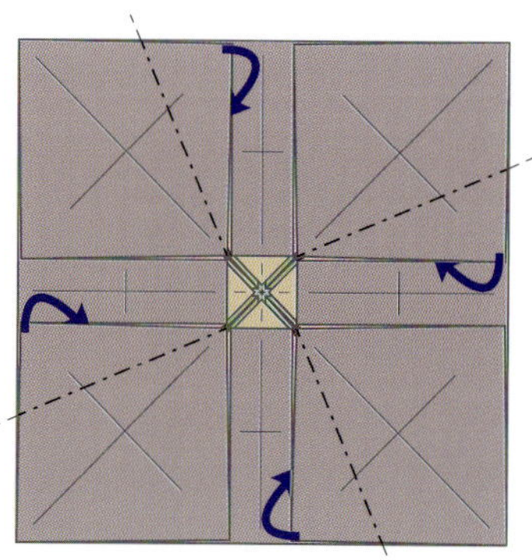

4 접었다 편 부분을 안으로
넣어 접어요.

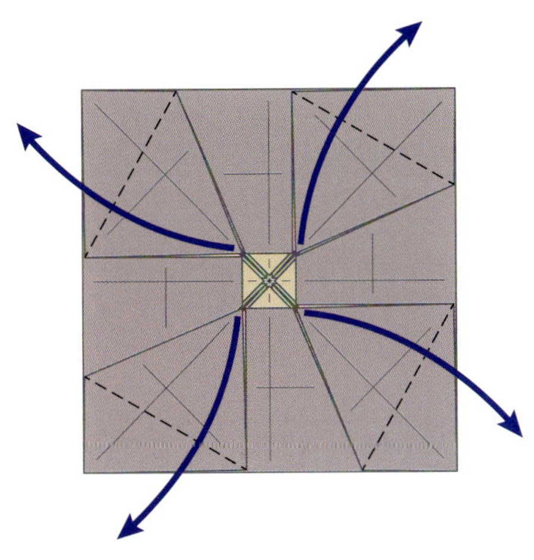

5 윗겹의 대각선을 따라 밖으로 벌려 접어요.

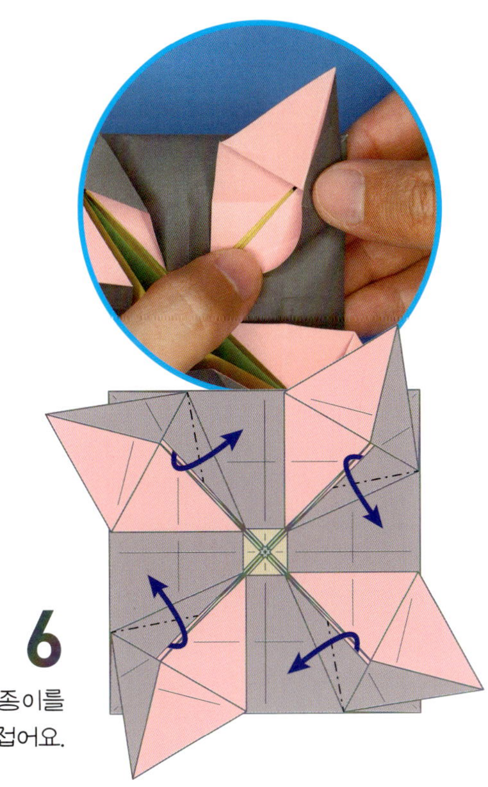

6 안쪽 틈을 벌려 종이를 꺼내서 눌러 접어요.

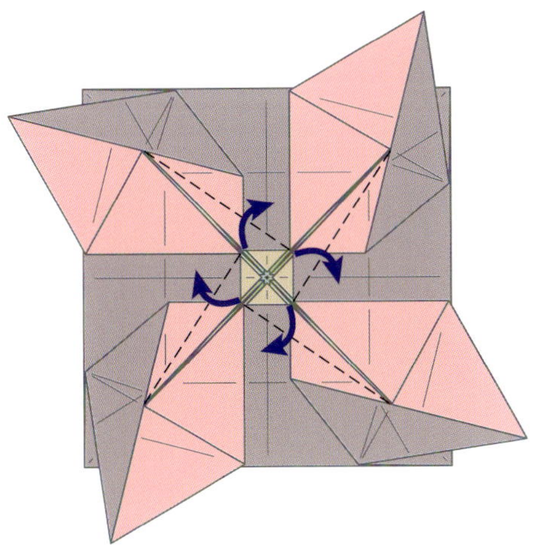

7 끝부분을 잇는 선을 따라 접어요.

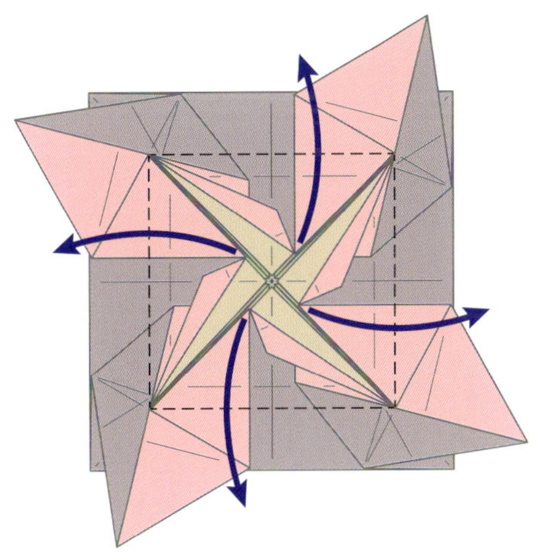

8 밖으로 벌려 접어요.

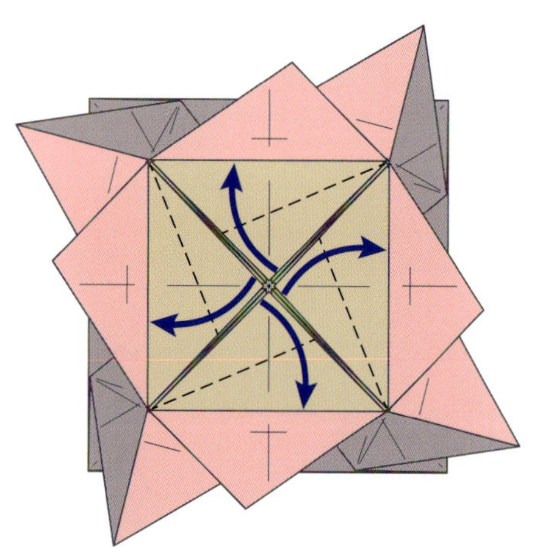

9 프레임 윗겹을 가장자리에
맞춰 비스듬히 접어요.

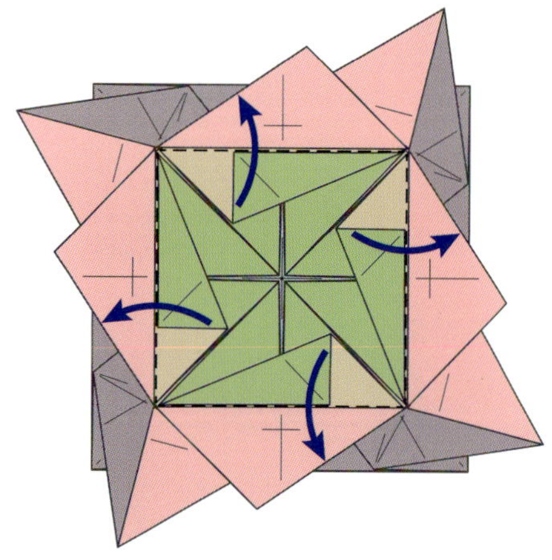

10 가장자리를 따라 밖으로
벌려 접어요.

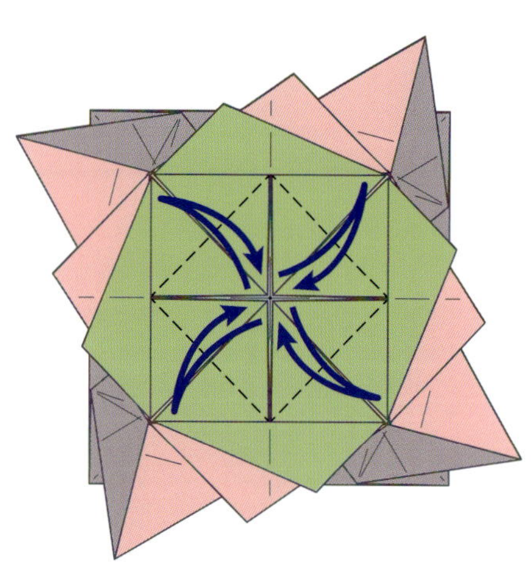

11 프레임 안쪽 겹을 밖으로 벌려
접었다 펴요.

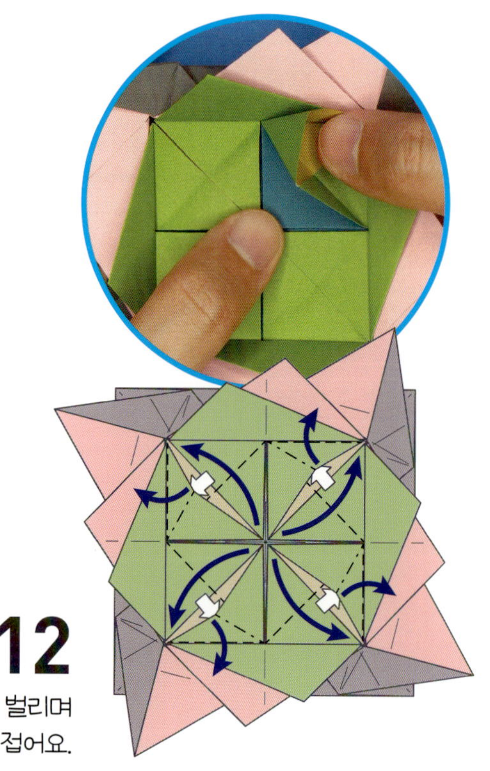

12 안쪽 틈을 벌리며
눌러 접어요.

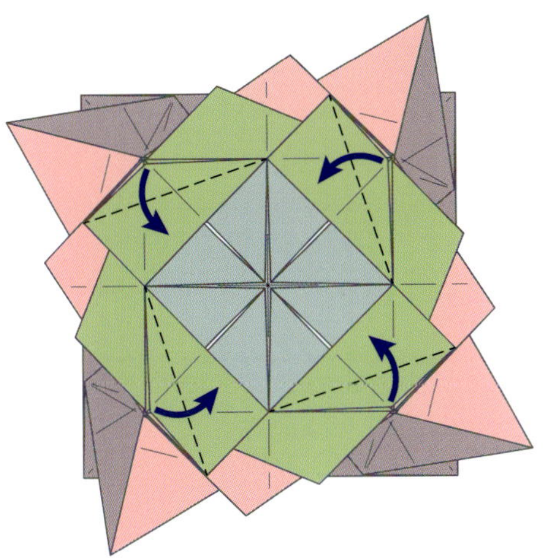

13 윗겹의 대각선을 따라 접어요.

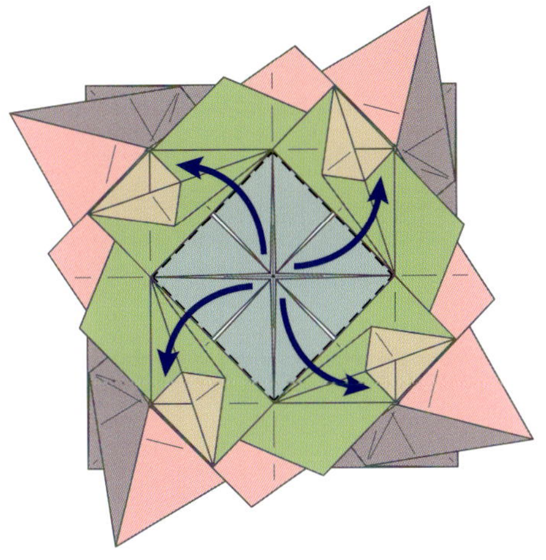

14 코어를 밖으로 벌려 접어요.

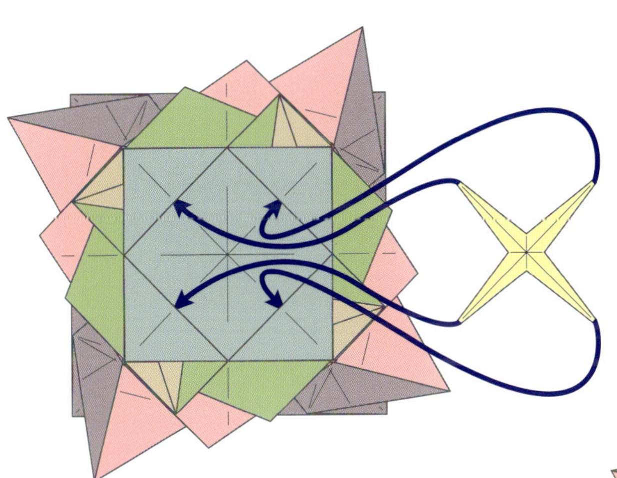

15 그립을 끼워 넣어요.

05 오메가 스타
Omega Star

새로운 시작을 잉태한 채
모든 것의 끝을 알리는
거룩한 별, 숭고한 빛

166

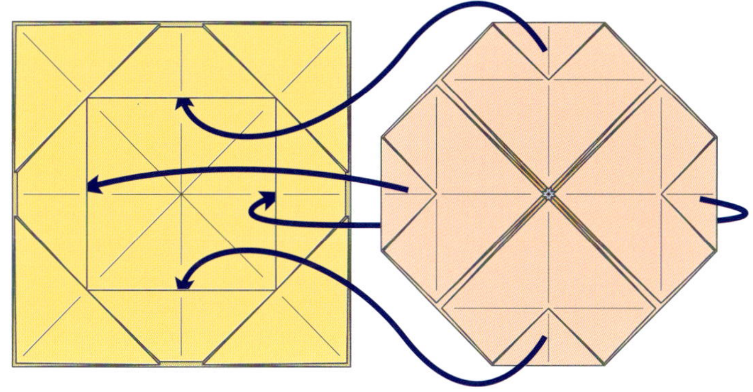

1 아머에 프레임드 코어를 끼워 넣어요.

2 벌려 접었던 아머 부분을
모두 펴서 덮어요.

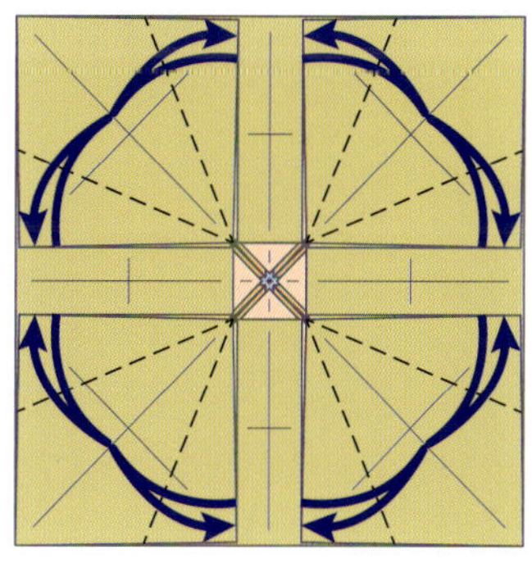

3 보조선에 맞춰 접었다 펴요.

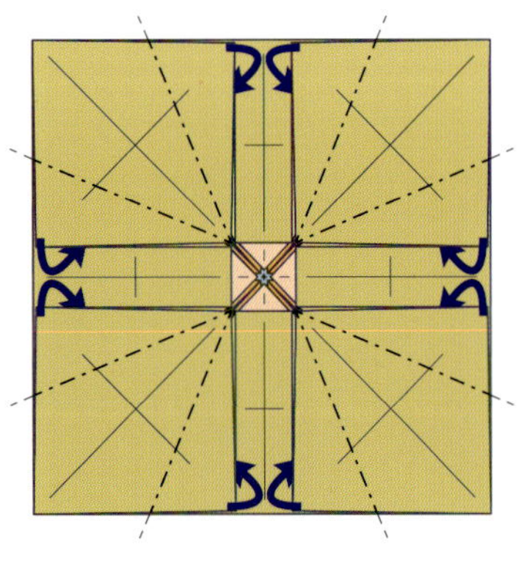

4 접었다 편 부분을 안으로
넣어 접어요.

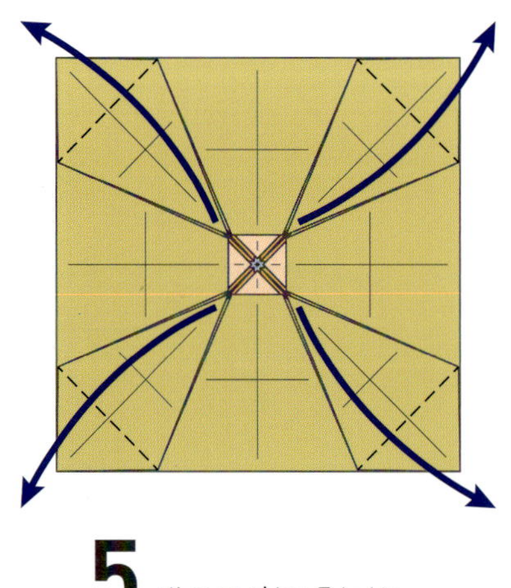

5 밖으로 벌려 접어요.

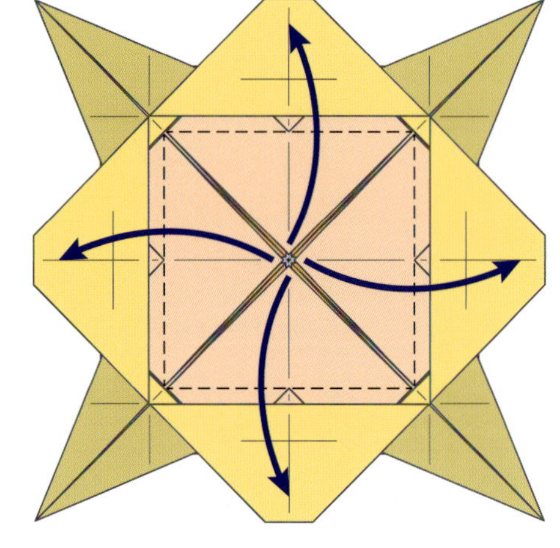

6 밖으로 벌려 접어요.

7 프레임 윗겹을 밖으로 벌려 접어요.

8 프레임 안쪽 겹을 밖으로 벌려 접었다 펴요.

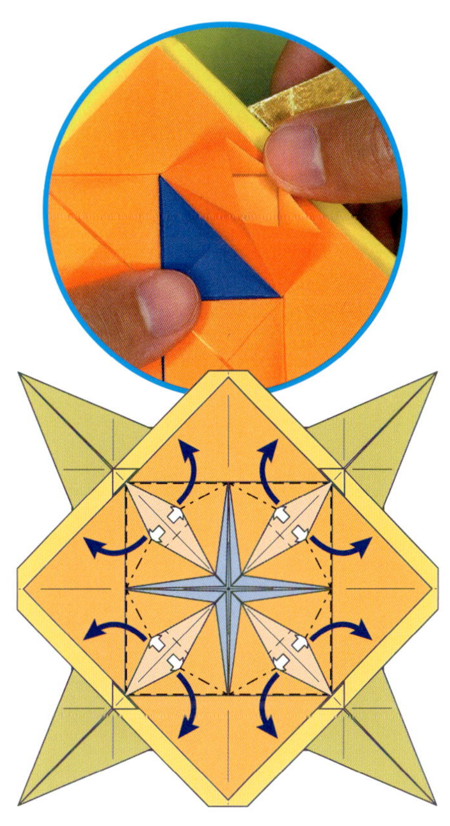

9 안쪽 틈을 벌리며 눌러 접어요.

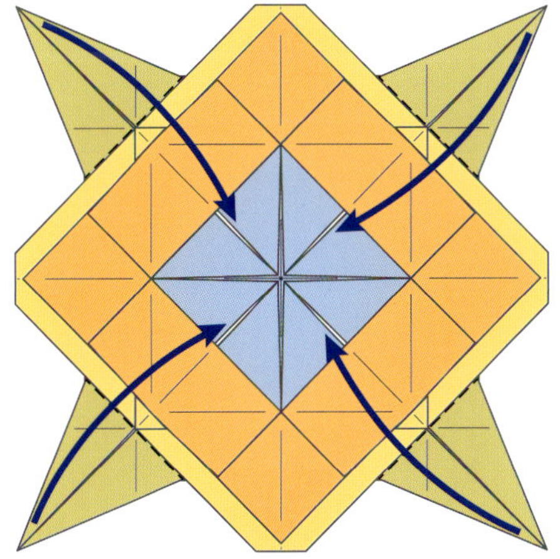

10 아머를 안쪽으로 덮어요.

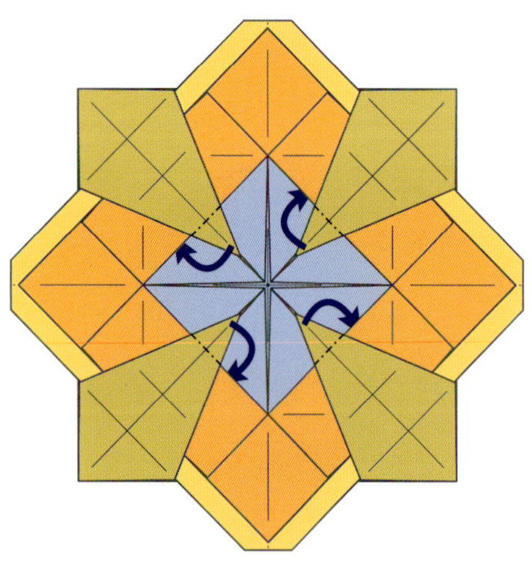

11 뒤쪽 가장자리를 따라 산 접기를 해요.

12 코어를 밖으로 벌려 접어요.

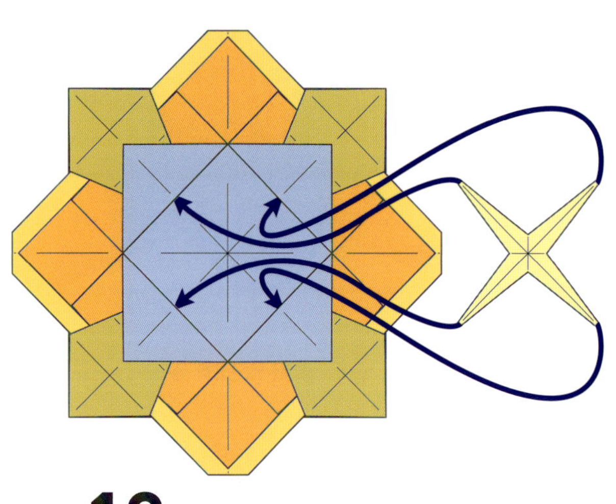

13 그립을 끼워 넣어요.

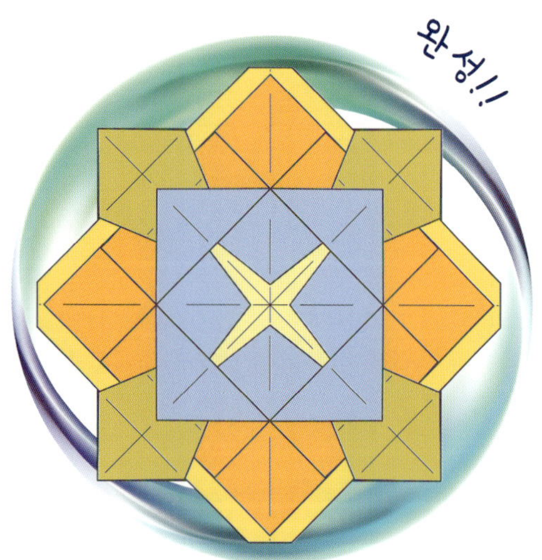

궁극의 팽이 등장! 이제는 4장, 신화를 접어라!

네모아저씨의 페이퍼 블레이드 - 쿼드포스

ⓒ네모아저씨 이원표 2026

초판1쇄 인쇄 2026년 4월 15일
초판1쇄 발행 2026년 4월 30일

지은이 네모아저씨 이원표

펴낸이 김재룡
펴낸곳 도서출판 슬로래빗

출판등록 2014년 7월 15일 제25100-2014-000043호
주소 (04790) 서울시 성동구 성수일로 99 서울숲AK밸리 1501호
전화 02-6224-6779
팩스 02-6442-0859
e-mail slowrabbitco@naver.com
인스타그램 instagram.comslowrabbitco

기획 강보경   **편집** 김가인   **디자인** 변영은 miyo_b@naver.com

값 15,000원
ISBN 979-11-93910-13-9 13630